CHANGZHENG JIELI YOU LAIREN
XIN SHIDAI XIAOXUE DEYU ZONGHENG TAN

长征接力有来人
——新时代小学德育纵横谈

楼薇琳 ◎ 著

陕西新华出版
陕西人民教育出版社
·西安·

图书在版编目（ＣＩＰ）数据

长征接力有来人：新时代小学德育纵横谈 / 楼薇琳著 . -- 西安：陕西人民教育出版社，2024.1
ISBN 978-7-5450-9940-9

Ⅰ．①长… Ⅱ．①楼… Ⅲ．①小学—德育工作—研究 Ⅳ．① G621

中国国家版本馆 CIP 数据核字 (2024) 第 036936 号

长征接力有来人——新时代小学德育纵横谈
楼薇琳　著

出版发行：	陕西人民教育出版社
地　　址：	西安市丈八五路 58 号
邮　　编：	710077
经　　销：	各地新华书店
印　　刷：	河北朗祥印刷有限公司
开　　本：	787 毫米 ×1092 毫米　1/16
印　　张：	11.75
字　　数：	200 千字
版　　次：	2024 年 1 月第 1 版
印　　次：	2024 年 1 月第 1 次印刷
书　　号：	ISBN 978-7-5450-9940-9
定　　价：	58.00 元

◎ 序

在中国共产党建党百年之际，经过全党全国各族人民持续奋斗，我们基本实现了第一个百年奋斗目标，在中华大地上全面建成了小康社会，历史性地解决了绝对贫困问题，正在意气风发向着全面建成社会主义现代化强国的第二个百年奋斗目标迈进。

我们意气风发跨进了新时代！

新时代，新征程，新挑战，新目标。我是一名有着几十年教龄的教师，一直在小学从事德育工作。小学是基础教育的重要组成部分，属于九年义务教育范围之内。小学教育的基本特点是基础性、全民性、义务性、全面性，是为人生奠基的教育，是对学生实施德、智、体、美、劳全面发展的教育。小学德育指学校对学生进行的政治思想和道德品质的教育，是学校所有有目的、有计划地对学生施加政治、思想与道德等方面影响的活动，有着科学的要求、明确的目的、系统的计划、完善的

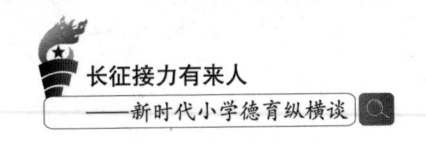

机制，并通过学生积极地认识、体验与践行，培养其良好的道德品质和行为。

走进新时代，迈进新征程，基础教育面对百年未有之大变局，机遇和挑战并存，传承与创新并举。如何全面贯彻党的教育方针，落实立德树人的根本任务，着眼建设高质量教育体系，强化学校教育主阵地作用，构建教育良好生态，促进学生全面发展、健康成长，已成为小学德育工作者的使命担当，也是我反复思考、不断探索的自我命题。

何为立德？《左传·襄公二十四年》云："太上有立德，其次有立功，其次有立言，虽久不废，此之谓不朽。"何为树人？《管子·权修》云："一年之计，莫如树谷；十年之计，莫如树木；终身之计，莫如树人。"《中共中央关于全面深化改革若干重大问题的决定》中指出："深化教育领域综合改革，全面贯彻党的教育方针，坚持立德树人，加强社会主义核心价值体系教育，完善中华优秀传统文化教育，形成爱学习、爱劳动、爱祖国活动的有效形式和长效机制，增强学生社会责任感、创新精神、实践能力。"立德树人、培根铸魂，这就是新时代小学德育的根本任务。

学校文化体现了一所学校的精神文化品质、办学风格特色，它关乎整体精神与方向，提领全部行为与尺度。我们海淀区实验小学的校训是"守真、从善、修美"，这是学校文化和办学思想的集中体现，是基础教育最本色、最恒久的价值所在，是学校实施立德树人主责主业的道德基础。由此，我们的学校德育秉持"真善美"的育人要义，并紧随时代步伐，与传承红色基因、赓续红色血脉紧密结合，在教育改革与创新中不断进行新的思考与实践，积极引导学生保持真的性情、遵从善的原则、修习美的情操。面对多元文化融合、各种观念激烈碰撞，引领学生扣好人生第一粒扣子，将培育和践行社会主义核心价值观融入"大视野新长征"教育，开创了学校育人为本、德育为先、能力为重、全面发展的崭新局面。

奋进新时代，砥砺新征程。创新是一个民族最可宝贵的品质，是推动教育改革的强大动力，是科学育人的核心特征。学校德育必须在继承中发展，在求实中创新，将对学生进行弘扬中华美德，继承革命传统，树立理想信念，拥护改革开放，奠基科学世界观、人生观和价值观的教育融入因地制宜、因势利导、不断完善德育体系、规范德育评价、丰富德育实践活动之中。注重创新驱动，倡导研学探究，引领学生在综合实践中学会动手动脑，学会自理自立，学会做人做事，学会弘道养正，提升文明素质，促进身心健康，全面发展，形成具有系统目标、规范管理、责任明晰、多元保障的运行机制，形成全校师生广泛参与、德育品质持续提升的教育生态。

点与面、纵与横从哲学意义上说，构成了学校德育的传承与发展。本书即以求真务实的态度，扎根于学校德育的多年实践中，以德育方向性原则、基础性原则、创新性原则、实践性原则、社会性原则为指导，对新时代小学德育的新趋势、新特点、新方法加以研究，总结经验，提炼感悟，力图理论联系实际，进行新的探索，为牢记初心使命，坚定理想信念，践行立德树人做出新的努力。

是为序。

楼薇琳

2022年6月

目　录 Contents

1. 审时度势　因势利导
   ——一谈"大视野　新长征"主题教育的思路 …………… 1
2. 立德树人　明理笃行
   ——二谈常抓不懈的养成教育 ………………………… 15
3. 星星火炬　代代相传
   ——三谈加强学校少先队工作 ………………………… 33
4. 继往开来　守正创新
   ——四谈拓宽路径创新载体 …………………………… 49
5. 学有楷模　进有方向
   ——五谈榜样教育 ……………………………………… 71
6. 抱朴含真　惇德秉义
   ——六谈德育校本教材与课程 ………………………… 85
7. 潜移默化　抱朴含真
   ——七谈文化自信的早期培育 ………………………… 97

8 知行合一　实践育人
　　——八谈研学考察 …………………………………… 113

9 弘道养正　潜心育人
　　——九谈加强德育队伍建设 …………………………… 133

10 凝心聚力　齐抓共管
　　——十谈培育家校教育共同体 ………………………… 157

　◎ 跋 ……………………………………………………… 177

1 审时度势　因势利导

——一谈"大视野　新长征"主题教育的思路

审时度势 因势利导
——一谈"大视野 新长征"主题教育的思路

长征是中国革命史上的光辉一页。

长征体现了红军不畏艰险、敢于胜利的革命精神，体现了中华民族不屈不挠、自立自强的光荣传统。长征精神不仅是中国共产党、中国人民解放军的宝贵精神财富，而且融入民族精神中，成为中华民族的意志表达。

习近平总书记深刻指出："红军长征创造了中外历史的奇迹。革命理想高于天，不怕牺牲、排除万难去争取胜利，面对形形色色的敌人决一死战、克敌制胜，这些都是长征精神的内涵。我们要继承和弘扬好伟大的长征精神。有了这样的精神，没有什么克服不了的困难。""长征永远在路上。这次专程来这里，就是缅怀先烈、不忘初心，走新的长征路。今天是实现'两个一百年'奋斗目标的新长征。我们这一代人要走好我们这一代人的长征路。"

一

"大视野 新长征"主题教育的思路源于一次偶然的教育实践。

2012年8月6日，我们海淀区实验小学四百余名师生参与了由中国传统文化促进会主办的《长征组歌》少年版大型音乐会，会上我们表演了《告别》《突破封锁线》《遵义会议放光辉》《四渡赤水出奇兵》等曲目，歌颂了红军长征这一可歌可泣的英雄壮举。

这次生动的教育实践引发了我们的深刻思考，促使我们认识到：学校德育必须着眼于中国特色社会主义教育总体目标，围绕培养社会主义建设合格预备队的要求，牢牢把握立德树人的正确方向，在新的形势下发扬革命传统，整合教育资源，积极探索在社会主义市场经济条件下实施少年儿童思想道德建设的有效路径和方式，培养他们对党和社会主义祖国的朴素而真挚的感情，引导少年儿童继承和发扬红军大无畏的奋斗精神、奉献精神和牺牲精神，树立跟党走中国特色社会主义道路的坚定信念。于是，长征精神主题教育活动被提到了学校德育的重要日程，并逐步成为学校系统的德育工程和鲜明的育人特色。

于是，我们将"唱响长征组歌，弘扬长征精神"作为主题教育活动纳入学校德育范畴。我们对长征最初的认识较为单纯：长征是人类历史上的一次伟大奇迹，是人类近代战争史上壮丽的英雄史诗。在这次伟大的战略转移中，中国工农红军历时两年，转战十余个省，历经曲折，突破敌军围追堵截、重重封锁，战胜种种难以想象的艰难险阻，保存和锻炼了革命的基本力量，为进行抗日战争和发展中国革命事业创造了条件。时至今日，战争的硝烟已经散去，昔日腥风血雨、枪林弹雨的地方早已恢复安宁，长征却为进入小康社会的我们留下了宝贵的精神财富。长征精神伴随着一代又一代人的成长传承下来，其众志成城、团结互助的精神，百折不挠、克服困难的精神，勇往直前、坚韧不拔的精神，不怕牺牲、前赴后继的精神，具有重要的深远意义，是新时代少年儿童仍然需要的精神营养和成长动力。

于是，从2012年9月开始，我们在全校范围内开展了长征精神的主题教育活动，通过校园广播、电视台、国旗下讲话、与革命老前辈见面、专题讲座、知识竞赛、征文演讲、素质拓展等形式及"长征知识我知道""长征组歌我唱响""长征精神在身边"等活动引导学生了解长

● 审时度势　因势利导 ●
——一谈"大视野　新长征"主题教育的思路

征历史，理解长征意义；寻找学习榜样，传承长征精神；创建优秀集体，打造和谐校园；争做四好少年，提升综合素质。我们编写了校本教材，开设了校本课程，活跃了班队活动，推动了社团建设，实现了学科渗透，整合了教育资源，开展了研学考察……学校德育出现了生机勃勃的崭新局面。

二

随着活动的不断深化，我们的认识也在不断提升，思路不断拓展。

随着党的十九大胜利召开，我们将长征精神教育活动提升为"大视野　新长征"的教育，其理念源于党的新时代中国特色社会主义理论，源于我们国家的教育方针。

"大视野　新长征"教育体现了新时代学校德育的纵横观。

"大视野"是横向展开，即引导学生胸怀祖国，放眼世界，面对世界百年未有之大变局，看到我们国家始终站在全人类高度，努力倡导并构建人类命运共同体，在维护世界和平与安全、促进人类和谐共处、实现人类共同发展、有效应对全球挑战中发挥了重要的核心作用，深刻改变了世界格局，贡献着中国智慧，体现着中国担当，从而将自己的成长、抱负与打造人类命运共同体结合起来，具备中国气质、世界胸怀。

"新长征"是纵向延展，即引导学生继承优秀传统文化，弘扬民族精神，赓续红色血脉，实现建设中国特色社会主义现代化强国的宏伟目标。正如习近平总书记在纪念毛泽东同志诞辰120周年座谈会上的讲话

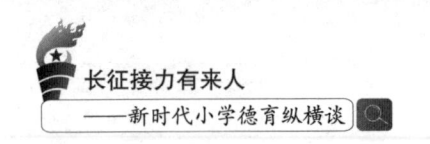

中指出的："一切向前走，都不能忘记走过的路；走得再远、走到再光辉的未来，也不能忘记走过的过去，不能忘记为什么出发。""新长征"就是将立德树人融入全面育人、全程育人、全方位育人之中，培养一代又一代拥护中国共产党领导和社会主义制度、立志为中国特色社会主义事业奋斗终身的合格预备队和接班人，保证我们的红色江山永不变色。

"大视野 新长征"教育的核心是培养少年儿童对党和社会主义祖国的朴素而真挚的感情，引导他们从小树立正确的国家意识和坚定的报国志向，做党和人民的好孩子，这是"大视野 新长征"教育立德树人、培根铸魂目标的根本所在。

爱国主义首先是一种对祖国诚挚、深厚的感情，这种感情是千百年来积淀下来的，具有鲜明的民族属性，世代相传。爱国主义有着知、情、意、行相统一相和谐的过程，包含认知、情感、行为三要素，表现在对祖国广泛而深刻的了解、圣洁而诚挚的爱恋、坚定而持久的责任，这三种因素相辅相成、互相促进，达到知之深爱之切、爱之切行之恒的境界。因此，爱国主义是具有多种品德属性的复合性的一种道德，是一个国家和民族的精神支柱，既是一种美好的情操，又是正确处理个人、集体、国家三者利益关系的政治原则和道德规范。

走进新时代，爱国主义教育比以往任何时候都显得重要和迫切。少年儿童是党和国家长治久安的希望，是实现中华民族伟大复兴的重要力量。因此，要想大力提高他们的思想道德素质，就要使其从小树立起精忠报国的坚定信念，自强不息的奋斗精神，勇于创新的开拓意识，培养其成为祖国现代化事业的强大后备军。

爱国要从爱家乡做起，爱家乡必须从了解家乡做起。北京是祖国的

审时度势　因势利导
——一谈"大视野　新长征"主题教育的思路

首都，是全国的政治中心、文化中心、科技创新中心和国际交往中心，是世界历史文化名城，是充满活力的国际化大都市。北京本身就是博大精深的百科全书：北京猿人点燃中华民族的文明火种，蓟门烟树追忆燕云牧歌鞍缰盛世，北京于周初肇兴，辽金成型，元明清定都，北倚群山，南控中原，东揽渤海，西望长安，历史悠久，积淀深厚，帝都气派冠绝千古，人文传统辐射中外。如今的北京，首善之地追求新品位，世界胸怀瞄准新目标，正在与时俱进，生机勃勃，成为中国形象、中国实力、中国风采的靓丽窗口。

北京对于生于斯长于斯的首都少年儿童来说，是养育自己、恩重如山的家乡热土。在"大视野　新长征"教育活动中，同学们用活泼生动的语言、炽热奔放的情感歌颂着一个文化底蕴丰厚、历史传统悠久的古都北京，一个充满创新精神、不断开拓进取的现代北京，抒发着一种血浓于水的爱国热忱和首都情怀。这些感悟和实践体现了"天下兴亡、匹夫有责"的爱国精神，凸显了与祖国命运紧密相连、心系国家发展、勇担时代使命的向心力与凝聚力，阐述了"没有共产党就没有新中国"的深刻道理，反映了祖国改革开放带给国人的幸福与安康，同时也记录了同学们的成长与思考，表达了"时刻准备着"的决心与信念。

"大视野　新长征"教育特别重视道路自信、理论自信、制度自信、文化自信的奠基，尤其是文化自信的早期培育。文化自信建立在几千年文明传承的基础上。传统文化是我们的根和魂，社会发展越迅速，我们越要培根铸魂。"天行健，君子以自强不息；地势坤，君子以厚德载物。"现在的少年儿童在网络文化中成长，对中华民族的传统文化缺乏了解，需要加强引导，需要在尊重历史、着眼未来的前提下科学严谨地加以启蒙和弘扬。要坚定走中国特色社会主义道路，就必须传承优秀的民族文化，弘扬民族精神。节日和纪念日就是重要的教育契机。清明节是对历史的缅怀，对祖先的怀念，对先烈的祭奠，体现了中国人寻根的思想和感恩的传统；中秋节是拜月的节日，月亮是团圆和谐的象征，"但愿人长久，千里共婵娟"。过中秋盼望亲人团圆，更盼望海峡两岸同胞早日统一。端午节源于图腾崇拜，后来成为人们纪念屈原的节日，体现了"亦余心之所善兮，虽九死其犹未悔"的崇高气节和爱国情操……这些传统节日被国家定为法定节假日，是对我们民族传统文化的尊重，更是传承与强化。

有着几百年建都史的北京是我们民族的骄傲。我们要继承于以往，立足于现实，着眼于未来。对北京的热爱不会来源于对北京肤浅的了解，不是简单弄清楚什么叫四九城、什么是雍和宫、什么是京剧、什么是豆汁，就能产生对北京的深挚的爱。对北京的热爱只能源于对其深刻的理解，菜市口与谭嗣同，陶然亭与高君宇，红楼和五四运动，天安门与开国大典……只有深入理解北京与中华民族发展中的历史文化渊源才能把对北京的爱化进自己的灵魂深处。越是古典的越是未来的，越是传统的越是现代的，越是民族的越是国际的。我们要充分挖掘教育资源，借鉴历史传统，将满满的正能量融会其中，才能使"大视野 新长征"教育产生强大的生命力和凝聚力。

慎终追远，民德归厚。一个民族对民族先辈感恩而不忘本，才能有繁荣富强的未来，这就是"大视野 新长征"教育的初心所在；弘道养正，继往开来，这就是"大视野 新长征"教育的动力支持。

● 审时度势 因势利导 ●
——一谈"大视野 新长征"主题教育的思路

三

"大视野 新长征"教育特别强调体验教育、实践育人。知识加见识，才叫学问，真知只从实践中得来。学生跟着集体，随着家长走了那么多的地方，能不能把看到的进行思考，把思考的转化为正能量，是"大视野 新长征"教育特别重视的问题。以同学们对首都轨道交通情况的研学考察为例，大家通过查资料，看影像，亲身乘坐，实地踏勘发现：1924年，北京城有了两头都能开的"铛铛"车，有天桥到西直门、天桥到北新桥、东四到西四等六条线路。抗日战争取得胜利前，每天最多出动三辆车，经营最困难时期，甚至只有一辆车在惨淡维持。1957年，北京第一条无轨电车线路通车。1965年，北京动工兴建中国第一条地下铁道，1969年建成通车，1971年延长为玉泉路至北京站，1973年延长为苹果园至北京站。到目前为止，北京地铁城市轨道交通系统的运营线路达24条，总里程为727千米，车站428座（包括换乘站64座），年乘客量达到40多亿人次，日均客流量为1200多万人次，单日客运量最高达1300多万人次。到2025年，北京地铁将形成由30条运营线路组成，总里程为1177千米的轨道交通网络。同学们由此可以形象地认识到：北京轨道交通网络的纵横变化不但对加快周边新城建设，优化城市布局，疏散中心城区的人口和功能起到了推动作用，便利了普通民众的出行，缓解了地面交通压力，降低了废气排放和噪声污染，用新增加的土地资源扩大城市绿化面积，提高城市人均绿地占有率，而且有力地证明了科学技术的高速发展、改革开放的巨大成就、中国特色社会主义制度的优越性和我们党全心全意为人民服务的宗旨，这是我们党带领人民

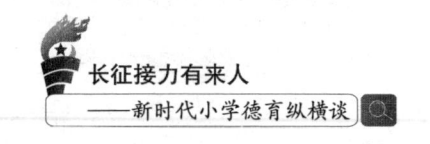

在新长征路上的新创举。再如，2017年5月14日至15日，第一届"一带一路"国际合作高峰论坛在北京举行，我们抓住这一教育契机，动员同学们通过各种形式了解"一带一路"，扩大国际视野。很多学生跟随家长来到美丽的雁栖湖湖畔，驻足在雄伟的国际会议中心前，领略着大气磅礴的中国雄风，大家了解了来自"一带一路"沿线29位国家元首、政府首脑及联合国秘书长等重要国际组织负责人在这里共商合作发展大计的情况，聆听了习近平主席发表的重要讲话，感受到了中国政府的倡议得到了与会代表积极响应的热烈气氛，加深了对"丝绸之路经济带"和"21世纪海上丝绸之路"的认识。在学校举办的各项主题活动中，同学们通过各种形式的活动，交流了关于"一带一路"的相关信息，了解了2000多年前，我们的先辈历尽艰辛，穿越高山、草原、沙漠，开辟出连通亚欧非三洲的陆上丝绸之路；扬帆远航，穿越惊涛骇浪，开通了连接东西方的海上丝绸之路。公元前139年始，汉代的张骞出使西域，历经千难万险，打通了东方通往西方的道路；唐宋元时期，以中国、意大利、摩洛哥的旅行家杜环、马可·波罗、伊本·白图泰为代表的众多使者商旅先后往来于丝绸之路，留下鲜明的历史印记。明代，著名航海家郑和七次远洋航海，在世界交通史上影响深远。古丝绸之路跨越尼罗河流域、底格里斯河和幼发拉底河流域、印度河和恒河流域、黄河和长江流域，跨越埃及文明、巴比伦文明、印度文明、中华文明的发祥地，跨越佛教、基督教、伊斯兰教信众的汇集地，跨越不同国度和肤色人民的聚居地，酒泉、敦煌、吐鲁番、撒马尔罕、巴格达、君士坦丁堡等古城，宁波、泉州、广州、北海、科伦坡、吉达、亚历山大等地的古港，都曾活跃着满载货物的商旅。古丝绸之路绵亘万里，延续千年，打开了

审时度势　因势利导
——一谈"大视野　新长征"主题教育的思路

各国友好交往的大门，积淀了以和平合作、开放包容、互学互鉴、互利共赢为核心的丝路精神，书写了人类发展进步的新篇章，成为人类文明的宝贵遗产。

一代一代丝路人不仅通商易货，更促进了文化交流。沿着古丝绸之路，中国将丝绸、瓷器、漆器、铁器传到西方，也为中国带来了胡椒、亚麻、香料、葡萄、石榴。沿着古丝绸之路，佛教、伊斯兰教及阿拉伯的天文、历法、医药传入中国，而中国的四大发明、养蚕技术也由此传向世界，同时起源于中国的儒家文化、源自印度的佛教也随着丝绸之路走向全球。历史证明：文明在开放中发展，民族在融合中共存。坚持互利共赢、坚持相向而行，就能走出一条相遇相知、共同发展之路，走向幸福安宁、和谐美好的远方。

正是这样的"大视野"，让同学们放眼世界，树立起了新时代中国少年儿童的大志向、大胸怀；正是这样的"新长征"，让同学们认清了我们从何处来，向何处去，确立了从小跟党走、时刻准备着的坚定信念。

"大视野　新长征"教育闪耀着教育者与被教育者的创新思维与创新活力，展示了学校师生积极进取、追求卓越的时代风貌，展示了学校追求卓越、敢于创新、学思结合、知行合一的独特魅力。

四

说起红军长征，我们总会想起爬雪山、过草地，想起吃草根、咽树皮，想起在敌人围追堵截的枪林弹雨中红军将士强渡大渡河、勇夺泸定桥，想起无数革命先烈抛头颅、洒热血、前仆后继、英勇杀敌的情景，想起始终飘扬在长征路上那面鲜红的党旗。正是那段可歌可泣的历史，正是那些无私无畏的英雄，正是有了人民军队二万五千里长征的创举，才有了今天的中国，才有了今天的幸福生活，也才有了我们学校开展的"大视野　新长征"教育。

在纪念红军长征胜利 80 周年的时候，习近平总书记来到了宁夏固原市西吉县将台堡。1936 年 10 月，红军三大主力在这里会师，标志着史无前例的二万五千里长征胜利结束。夏雨绵绵中，习近平总书记为红军长征会师纪念碑敬献花篮，并深刻指出："长征永远在路上。一个不记得来路的民族，是没有出路的民族。不论我们的事业发展到哪一步，不论我们取得了多大成就，我们都要大力弘扬伟大长征精神，在新的长征路上继续奋勇前进。""弘扬伟大长征精神，走好今天的长征路，是新的时代条件下我们面临的一个重大课题。伟大长征精神，是党和人民付出巨大代价、进行伟大斗争获得的宝贵精神财富，我们世世代代都要牢记伟大长征精神、学习伟大长征精神、弘扬伟大长征精神，使之成为我们党、我们国家、我们人民、我们军队、我们民族不断走向未来的强大精神动力。"

长征精神永远是我们成长成才、富国强军、振兴中华、不断前进的强大动力，长征永远在路上，这就是我们为什么持续开展"大视野　新长征"教育的根本原因，这也是我们不忘初心、牢记使命的具体实践。

2016 年 9 月 1 日，我们举行了以"长征有接力　创新促成长"为主题的开学典礼，鼓励全体师生将团结一致、艰苦奋斗、百折不挠、顽强拼搏的长征精神融入学习生活当中。同年的 10 月 13 日，为纪念红军

审时度势 因势利导
——一谈"大视野 新长征"主题教育的思路

长征胜利80周年,我们举办了"长征永远在路上"主题教育论坛。中宣部、教育部、全国少工委、北京市教委、海淀区人大和教委的相关领导,部队将军和德育专家等应邀参加了此次活动。论坛集中展示了我们长期坚持开展长征精神教育的丰硕成果,听取了开展"寻访革命圣地 传承长征精神"研学考察活动的汇报,再次唱响长征组歌,回顾历史,缅怀先烈,表达了"长征永远在路上,红领巾相约中国梦"的坚定信念。2017年9月1日,我们举行了以"新征程 新视野——'一带一路'我知道"为主题的开学典礼,同学们进行了"一带一路"主题汇报,古都西安、瑰丽新疆、驰名中外的敦煌壁画、鬼斧神工的丹霞地貌……同学们讲述了暑假期间在丝绸之路经济带上的我国西北地区的见闻与感受,表达了坚守信念、固本创新,走进新征程、打开新视野的决心!2019年2月25日,我们举行了以"大视野 新长征——做新时代好少年"为主题的开学典礼,对美德少年进行了表彰,表达了开启新长征,开拓大视野,意气风发走进新时代,砥砺奋进,共创新未来的坚定信念。2021年3月1日,我们举行了以"大视野 新长征——做党的好孩子"为主题的开学典礼,同学们做了"拿起纸笔,见字如面"的活动汇报,对话航天员、冬奥教练员及对话未来的自己,通过我国脱贫攻坚战的全面胜利感受中国速度、中国规模、中国效率,体会中国共产党的伟大、社会主义制度的优越、祖国的强大和人民的团结,树立民族自豪感和自信心。2021年9月1日,我们举行了以"开启新征程 携手向远方"为主题的开学典礼,同学们为"心连广宇,星耀苍穹"的太空行走而激动,为"奋勇拼搏,敢于超越"的奥运夺冠而自豪,树立新的目标,表达了"我们时刻准备着"的坚定决心。同年,我们还举办了"永

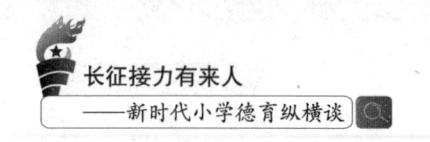

远跟党走　奋进新时代"庆祝中国共产党成立100周年的主题教育活动，抒发了对伟大的中国共产党的热爱、感恩、致敬和祝福，表达了立志担当复兴大任、按照党的要求锻炼成才的远大志向。6月1日，我们举行了以"永远跟党走　逐梦新时代"为主题的活动，"以信仰之光照亮前行之路，让红色基因、精神血脉、革命薪火代代相传"，让德育成为活动的主旋律。

创新引领发展，素质奠基未来。回顾以往，是伟大的长征精神给予了我们求实创新、弘道养正的强大动力。最为重要的是我们发掘出了长征精神的创新内涵，进一步明确了创新教育的科学理念，树立了坚持教育创新、强化素质教育、打造育人品牌的坚强决心。什么是学校教育改革不断深化的持久动力？是创新！什么是推动学校建设与发展的强大动力？仍然是创新！创新是引领发展的第一动力。因此，确立创新教育理念，加大教育创新力度，成为新时代学校德育创优争先的必然选择，也是从"唱响长征组歌"活动走向"大视野　新长征"教育的必然选择。

正是在长征精神教育的不断深化中，我们努力体悟着"长征永远在路上"的深刻含义，坚定理想信念，面对新形势，迎接新挑战，开启新征程，实现了新跨越。

2 立德树人 明理笃行

——二谈常抓不懈的养成教育

养成教育的本质是学习做人的教育。

习近平总书记指出："从小做起，就是要从自己做起、从身边做起、从小事做起，一点一滴积累，养成好思想、好品德。'少壮不努力，老大徒伤悲。'千里之行，始于足下。每个人的生活都是由一件件小事组成的，养小德才能成大德。"因此，要学会做人，就要学习和传承中华民族传统美德，学习和弘扬社会主义新风尚，热爱生活，懂得感恩，与人为善，明礼诚信，学习和实践社会主义核心价值观。

追本溯源，德育可以分为三层：德知、德行和德性。德知是"认知层面"的德育，传播和接受的是关于道德的知识。学生拥有"德知"，便可在认识上、考试中解决各种道德问题，甚至获得高分，但并不一定会产生相应的道德行为；德行是"实践层面"的德育，"道德知识"经过个体的内化，形成"道德行为"，不过这样的道德行为，有可能源自个体内心的动力，也有可能源自社会、集体的压力和各种法规的约束；德性是"本能层面"的德育，此时的道德行为内化于心，外化于行，成为一种自觉能动的道德践行活动，是个体道德行为的最高境界。

为人生奠基的小学阶段，要和谐推进德知、德行、德性相统一的德育教育，做到全程育人、全面育人，必须重视和不断加强养成教育。

养成教育是培养文明习惯的教育。对小学生来讲，主要是行为习惯和学习习惯的培养教育。行为习惯包括文明有礼、诚实守信、与人为善、珍惜时间、知恩图报、勤俭节约、遵规守纪、热爱劳动、强健体魄、讲究卫生等方面；学习习惯包括认真听讲、善于思考、敢于提问、学会合作、勤奋读书、勤于练笔、循序渐进、研学探究、学以致用、慎始敬终等方面。养成教育除了要深入浅出地讲清道理，普及知识，还要

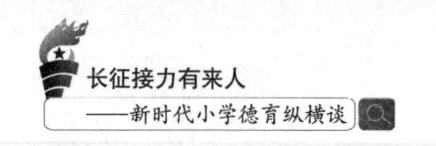

针对小学生的日常学习和生活，提出明确具体的行为习惯要求。通过榜样引领，树立可信、可学的楷模，注重习惯培养的指导，对照、借鉴、学习、践行一体化，从"学一学想一想、做一做评一评"等方面加深理解，努力践行。

一

礼仪教育是养成教育的基础内容。

礼仪是人们待人接物的行为规范，也是确保人际交往和谐的生活艺术。我国是一个文明古国，素以"礼仪之邦"著称于世。讲文明、懂礼仪是中华民族的传统美德。

"不学礼，无以立。"中华民族对文明得体的仪表非常讲究，是为人处世所要习得的重要修养之一。如今，随着改革开放，建设社会主义现代化强国，打造人类命运共同体的时代新使命的要求，人们相互交往频繁往复，对个人礼仪更加注重。小学生的个人礼仪，不仅事关个人，而且关系着家庭、学校，甚至首都北京乃至现代中国的整体形象。来自全国各地甚至世界各国的人们正是从每一个居住在北京的人的礼仪上感受中国魅力、中国精神、中国气度、中国品位。

"行为心表，言为心声。"新时代的少年儿童，是北京的小主人，应该具备高尚的品德、儒雅的风度，给人以知书达礼、文明有礼、自觉守礼的良好形象。北京是祖国的首都，是全国的首善之地，是当代中华文明展示的窗口。不管来自何方，不管走向何处，只要是现在生活生长在北京的小学生，就应该懂得首都的文明礼仪，就应该遵守首都的文明礼仪规范，就应该践行首都的文明礼仪风尚。我们在养成教育中把首都小学生所应习得的文明礼仪分为几个部分的内容并加以细化。个人礼仪部分包括仪容、仪表、仪态；家庭礼仪部分包括称谓、起居、就餐、相处、待客；校园礼仪部分包括尊师、升旗、课堂、课间、集会、服务；少先队礼仪部分包括入队、标志、集会、鼓乐；生活礼仪部分包括问候、施礼、交往、交流、探视、做客、馈赠、节庆；社会礼仪部分包括排队、乘车、购物、旅游、涉外、禁忌、娱乐、参观等。

礼仪注重外在美。外在美是指学生的容貌、形体、行为、举止等外观形态的美。它是容貌美、形体美、行为美、语言美、风度美等的外在表现形式美的总称。

外在美受内在美的影响和支配。外在美易于被人发现，给人留下美好的印象，引起人的愉快的情绪反应，但它给人的美感是肤浅的、短暂的、变动的。外在美不仅是容貌、皮肤、身材等自然条件的美，言谈、举止、风度等也是外在美的重要因素，这些都是内在美的外化，是由内在美决定的。只有通过内在美的培养，才能提高外在美的品位，例如健康、匀称、和谐和充满活力的形体美；端庄、秀丽、朴素、自然的容貌美等。

礼仪讲究动作美。动作美是指小学生身体各部分正常活动变化而体现出来的外部形态的美，最能表现当代少年儿童的精神气质，要求其要有正确的站、坐姿势，给人以一种文明、儒雅的美好印象，正如培根所说，"相貌的美高于色泽的美，而秀雅合适的动作的美，又高于相貌的美，这是美的精华"。

礼仪表现仪态美。仪态美是指学生的仪表、举止、姿态所显现出的美。它是学生把自身作为审美对象进行自我观察习得的结果，是学生按照美的规律实现自身外在改造的结果。仪表美包括容貌美、形体美和在前两者基础上通过梳妆打扮而取得的修饰美。容貌美是学生的面容、肤色和五官长相的美，它是仪表美中最显露的部分，因而占有重要地位。形体美是学生的整体形态的美，是仪表美的基础，所谓"仪表堂堂"，实质上就是指美的形体。修饰美对于强化容貌美、形体美具有不容忽视的作用，因而是构成仪表美的重要组成部分。

如果说学生的容貌美和形体美是人体的静态美，那么姿态美则是人体的动态美。追求仪态美一是要注意按照美的规律进行锻炼和适当地修饰打扮，要符合学生的年龄和身份；二是要注意培养内在修养，包括道德品质、性格气质和文化素质的修养，因为外在仪态美在很大程度上是内在心灵美的自然流露。所以，后者比前者更重要。

礼仪体现风度美。风度美是指学生的容貌、形体、动作、举止言谈、修饰打扮、表情神态等所体现出的美，它是学生接受教育程度，形成文明习惯的外在表现。风度美是一个复杂的审美范畴，学生在现实生活中，或豪爽潇洒，或文静质朴，或诙谐热情，或持重稳健……决定风度美的因素主要是内在的精气神，是学生内在美与外在美的高度统一。

礼仪蕴含气质美。气质美是指学生的个性特点、风格和气度的美，气质是高级神经活动类型的人的行为和活动中的表现，如活泼、直爽、沉静、浮躁等，人们往往把气质分为多血质、抑郁质、胆汁质等类型。

小学生的气质对其精神面貌和学习生活有着很大的影响。尽管他们的生理气质属于先天因素，但在环境、教育和生活条件影响下，通过自身的努力是可以改变的。小学生的家庭教育对其良好气质的形成起着非常重要的作用。

礼仪教育是学校德育的重要组成部分，也是养成教育的基础内容。

进入新时代，提升社会文明程度是我国两个一百年奋斗目标之一。习近平总书记指出："礼仪是宣示价值观、教化人民的有效方式。"礼仪作为一种制度规范和价值载体，具有成风化人的教化功能。提升社会文明程度，落实学校德育任务，需要积极推进礼仪教育，使当代小学生形成具有大国风范、首都气质的精神面貌和行为规范。

习近平总书记指出："要建立和规范一些礼仪制度，组织开展形式多样的纪念庆典活动，传播主流价值，增强人们的认同感和归属感。"礼仪制度以社会主义核心价值观为引领，继承优秀传统，立足当代实践，增强中国特色。大家都还记得，每年的烈士纪念日（9月30日），党和国家领导人及首都各界群众都会在天安门广场举行隆重的祭奠仪式，向人民英雄纪念碑敬献花篮，届时，现场会高奏国歌，肃穆默哀，少先队员会放声高唱"我们是共产主义接班人……"，以宣示传承红色基因，赓续红色血脉的坚定志愿。国家层面的重大纪念庆典活动的礼仪制度，通过各种媒体的宣传，推动并规范着社会层面的与生产生活相关的礼仪制度的完善。学校的升旗制度、少先队的礼仪制度等就是国家礼仪制度的基层化、具体化、儿童化。这些制度体现了以爱国主义为核心的民族精神，在内容和形式上彰显了中国精神、中国价值、中国力量，树立了文明古国、礼仪之邦的良好形象。

家庭是礼仪教育的第一课堂，家长通过言传身教，孩子通过耳濡目染，潜移默化，学礼尚礼；学校是礼仪教育的主阵地，通过开设礼仪课程、强化礼仪训练，组织开展各种礼仪活动普及知识，规范行动；社会是礼仪教育的实践平台，学生在社会环境中待人接物，维护社会秩序，遵守社会道德，促进社会文明。因此，礼仪教育必须体现多种教育模式，必须形成家庭、学校、社会协同育人的合力，让学生在成长实践中感知礼仪、尊崇礼仪、践行礼仪，使文明礼仪内化于心、外化于行。

营造学生学礼、明礼、尊礼、守礼的浓厚氛围，是开展礼仪教育的必要条件。节日纪念日、开学典礼、入队授奖等重大纪念庆典活动是开展礼仪教育的有利契机，因此，我们要在优化形式和规程上下功夫，体现仪式感、庄重感、荣誉感。要加大对文明礼仪的宣传普及，综合运用各种媒体，通过专题栏目、公益广告、广播影视、校本课程、主题活动等形式，大力宣传日常生活中的礼仪规范，普及礼仪知识，树立先进典型，进行礼仪展示，弘扬文明风尚。我们把小学生校园礼仪编成三字经，以达学生广泛传唱、身体力行之目的。

入校门，衣冠整；志昂扬，步履正。见师长，问声好，遵校纪，守校风。
铃声响，进课堂，要礼让，不乱抢。坐姿正，不摇晃，专心听，认真想。
要发言，先举手，起立答，声洪亮。写作业，要独立，按时做，不抄袭。
课间时，要活动，文明玩，要放松。遇老师，要让路，与师谈，要谦恭。
花儿美，草青青，爱校园，护环境。班集体，是咱家，同学们，爱护它。
同学间，心连心；善理解，乐助人。要诚实，懂谦让，团结好，有力量。
敬人者，人恒敬，集体荣，我方荣。吃饭时，有规矩，不喧哗，不打闹，
盛多少，要吃净。讲卫生，防疾病。节水电，见行动。有集会，守纪律，
好风格，要发扬。升国旗，要庄重，身肃立，把礼行，爱祖国，记心中。
好习惯，要养成！

二

没有规矩不成方圆。遵规守纪的教育是养成教育的重要内容。

对国家、对社会来说，规矩就是法律法规；对集体、对个人来说，规矩就是纪律公约。作为国家公民和社会成员，人人都要遵规守纪。小学生作为国家的公民，社会未来的主体，同样应该知法、懂法、守法，保护好自己的权益，不损害他人和社会的利益。只有从小养成懂规矩守纪律的好习惯，长大后才能成为遵纪守法的好公民。

法规是供大家共同遵守的制度或章程。人不可须臾离开法规的约束，不能想干什么就干什么。在一定范围内得到许可的行为才是可行的行为。遵规守纪特别强调自律。自律指在没有人现场监督的情况下，通过自己要求自己，变被动为主动，自觉地遵循法度，约束自己的言行。

中华民族历来强调自主自律、修己慎独，注重遵纪守法、俭以养德。国家的法律法规，部队的军纪条令，单位的规章制度，学校的校训守则……都是我们平时工作、学习和生活中不可缺少的，它维护了社会秩序，保障了社会安定，促进了社会发展，人人都要遵守，时时都要履行。只有严格自我约束，反对自由散漫，才能做到"加强纪律性，革命无不胜"。

"秩，常也；秩序，常度也，指人或事物所在的位置，含有整齐守规则之意。"一年级小学生一进校园，我们的教师就会很形象地告诉他们纪律的重要性，就像秋天来临天上南飞的雁群，要么排成一字形，要么排成人字形，它们一边飞着，一边不断发出叫声，相互联络，浩浩荡荡地跟着头雁按确定的迁徙路线飞行。即便是晚上落地安歇，也是井然有序，甚至还有警惕的哨兵在执勤。随着小学生年龄的增长，遵纪守法教育的内容会不断丰富，手段不断更新。同学们找到了学习的典范，记住了行为准则，慢慢学会"勿以恶小而为之，勿以善小而不为"，从法制的角度明理笃行，行为自律，树立以遵纪守法为荣、以违法乱纪为耻的荣辱观，让遵纪守法成为自觉行动。

《小学生日常行为规范》是依据国家正式颁发的《小学生守则》制定的，是国家对小学生日常行为的最基本的要求。其目的在于加强对小学生的文明礼貌教育和行为训练，以促使他们从小养成良好的行为习惯。

《小学生日常行为规范》的具体内容是：

1. 尊敬国旗、国徽，会唱国歌，升降国旗、奏唱国歌时肃立、脱帽、行注目礼，少先队员行队礼。

2. 尊敬父母，关心父母身体健康，主动为家庭做力所能及的事。听从父母和长辈的教导，外出或回到家要主动打招呼。

3. 尊敬老师，见面行礼，主动问好，接受老师的教导，与老师交流。

4. 尊老爱幼，平等待人。同学之间友好相处，互相关心，互相帮助。不欺负弱小，不讥笑、戏弄他人。尊重残疾人。尊重他人的民族习惯。

5. 待人有礼貌，说话文明，讲普通话，会用礼貌用语。不骂人，不打架。到他人房间先敲门，经允许再进入，不随意翻动别人的物品，不打扰别人的工作、学习和休息。

6. 诚实守信，不说谎话，知错就改，不随意拿别人的东西，借东西及时归还，答应别人的事努力做到，做不到时表示歉意。考试不作弊。

7. 虚心学习别人的长处和优点，不嫉妒别人。遇到挫折和失败不灰心，不气馁，遇到困难努力克服。

8. 爱惜粮食和学习、生活用品。节约水电，不比吃穿，不乱花钱。

9. 衣着整洁，经常洗澡，勤剪指甲，勤洗头，早晚刷牙，饭前便后要洗手。自己能做的事自己做，衣物用品摆放整齐，学会收拾房间、洗衣服、洗餐具等家务劳动。

10. 按时上学，不迟到，不早退，不逃学，有病有事要请假，放学后按时回家。参加活动守时，不能参加时事先请假。

11. 课前准备好学习用品，上课专心听讲，积极思考，大胆提问，回答问题声音清楚，不随意打断他人发言。课间活动有秩序。

12. 课前预习，课后认真复习，按时完成作业，书写工整，卷面整洁。

13. 坚持锻炼身体，认真做广播体操和眼保健操，坐、立、行、读书、写字姿势正确。积极参加有益的文体活动。

14. 认真做值日，保持教室、校园整洁。保护环境，爱护花草树木，不随地吐痰，不乱扔果皮纸屑等废弃物。

15. 爱护公物，不在课桌椅、建筑物和文物古迹上涂抹刻画。损坏公物要赔偿。拾到东西归还失主或交公。

16. 积极参加集体活动，认真完成集体交给的任务，少先队员服从队的决议，不做有损集体荣誉的事，集体成员之间相互尊重，学会合作。积极参加学校组织的各种劳动和社会实践活动，多观察，勤动手。

17. 遵守交通法规，过马路走人行横道，不乱穿马路，不在公路、铁路、码头玩耍和追逐打闹。

18. 遵守公共秩序，在公共场所时不拥挤，不喧哗，礼让他人。乘公共车、船等主动购票，主动给老幼病残孕让座。不做法律禁止的事。

19. 珍爱生命，注意安全，防火、防溺水、防触电、防盗、防中毒，不做有危险的游戏。

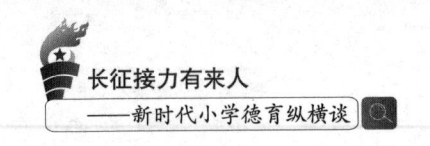

20.阅读、观看健康有益的图书、报刊、音像制品和网上信息，收听、收看内容健康的广播电视节目。不吸烟、不喝酒、不赌博，远离毒品，不参加封建迷信活动，不进入网吧等未成年人不宜入内的场所。敢于斗争，遇到坏人坏事主动报告。

为了使学生能够更加形象地理解并记住行为规范，遵守行为规范，我们把行为规范编成了童谣，如上课歌：上课铃声响，快快进课堂。起立要站直，坐正不摇晃。不做小动作，专心来听讲，发言先举手，回答要响亮。如作业歌：身体坐端正，做到三个一。认真写作业，养成好习惯。开动小脑筋，笔画看仔细。计算要正确，书本要整洁。再如课间歌：同学应礼让，进出不拥挤。游戏守秩序，快乐心舒畅。午间休息好，上课精神爽。活动多参加，身心要健康。卫生歌：衣服勤换洗，个人卫生好。疫情勤洗手，六步不能少。不带零食吃，垃圾不乱抛。卫生环境美，大家身体好。还有行路歌：出门过马路，人行横道走。走路靠右行，不走车行道。集体去外出，排队走右侧。文明行路好，安全第一条！

三

劳动教育非常重要，在目前的养成教育中也最为迫切。

俗话说：人有两件宝，双手和大脑。双手会做工，大脑会思考。动手不动脑，事情做不好。动脑不动手，啥也做不好。动手又动脑，才能有创造。一切创造靠劳动，劳动要用手和脑。

世界上有许多奇思妙想，都是通过人们的双手变成现实的，劳动的手创造了世界，也造就了人类自己。爱迪生发明电灯，蔡伦改进造纸术，瓦特改进蒸汽机，古今中外的发明家的创造都是他们留心观察，勤动手、动脑的结果。

站在时代的顶峰俯瞰历史，是劳动创造了人类的文明进步；回望中华民族伟大复兴的征程，是劳动构筑起通向梦想的坚实阶梯。

毛泽东主席说：自己动手，丰衣足食。2015年五一劳动节前夕，习近平总书记发表了激情洋溢的讲话，礼赞劳动创造，讴歌劳动精神。从南泥湾的开荒到超级稻的攻关，从高铁的高速度到北京中关村的新创新，一代代劳动者开拓进取，绽放了中华民族的创新精神。点点滴滴的奉献如涓涓细流汇成奔涌的大河，缔造出一个充满活力的现代中国，书写了我们这个伟大时代的精彩画卷。

世界上没有平坦的路可走，要让学生懂得只有当汗水洒向大地，共同的梦想才会落地生根。劳动创造世界，实干成就未来。"一勤天下无难事。"只有辛勤劳动、诚实劳动、创造性劳动，才能创造幸福，实现理想。

习近平总书记在北京育英学校考察时强调指出：很多知识和道理都来自劳动、来自生活。引导孩子们从小树立劳动观念，培养劳动习惯，提高劳动能力，有利于他们更好地学习知识。现在一些城里的孩子接触农村、接触大自然少，不光"四体不勤"，而且"五谷不分"，对吃的是什么、从哪里来的、怎么来的都不知道，更体会不到"谁知盘中餐，粒粒皆辛苦"。他对同学们说，认识大自然，首先要从认识身边的植物开始。同学们栽培的各种植物，虽然书本上都有介绍，但大家亲手种、亲自培育、跟踪观察，收获肯定是不一样的。希望同学们从"学农"中感受到农作的艰辛和农民的不易，从小养成热爱劳动、珍爱粮食、尊重

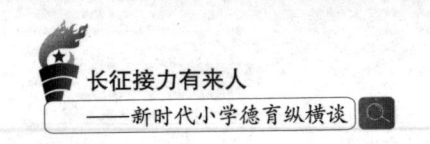

自然的良好习惯，为建设美丽中国作贡献。新时代生态文明建设要从娃娃抓起，通过生动活泼的劳动体验课程，让孩子亲自动手、亲身体验、自我感悟，让"绿水青山就是金山银山"的理念早早植入孩子的心灵。

劳动的过程也是实践的过程。学习的主要目的是应用和创造。如果没有良好的劳动习惯，学到的知识就难以运用到生活中去，更谈不上应用和创造。劳动对于培养每个人的健康人格也具有很重要的作用，劳动时间越长，独立性就越强，越有利于形成勤劳节俭的好品德。学生从小干家务，可以培养吃苦耐劳、珍惜劳动成果、珍重家庭亲情、尊重他人等品质，长大以后会更有出息。

养成教育要促使学生热爱劳动，把劳动变成一种习惯，树立劳动最光荣的意识。要尊重每一位劳动者，无论是管理者还是农民工，无论是科学家还是保洁员，都应该得到我们从内心生发出来的尊重。

新时代的劳动教育内涵更为丰富，应该遵循"知识与能力相结合、校内与校外共努力"的原则，以树立劳动意识、培养劳动习惯为目标，有计划、有组织地开展劳动实践，激发学生劳动的兴趣，从而使他们懂得"劳动创造了人类""幸福是奋斗出来的"的道理，将学习知识与掌握技能、讲究方法与提升能力、注重践行与养成习惯统一起来，全面提升学生的劳动素质，真正做到自己的事情自己做，家里的事情帮着做，学校的事情抢着做。劳动教育进校园，不仅仅是带领学生参与适当的体力劳动，还要体验具有一定科技含量的创造性劳动，例如在专业辅导员的指导下，学生兴致勃勃地参与烘焙项目，亲自动手，和面、滚面团、做造型……一步步完成甜点制作，栩栩如生的蝴蝶饼、形态各异的南瓜糕、香气扑鼻的小桃酥……以"小小甜点进校园　满满幸福润童心"为主题的劳动实践活动，让学生形象地看到自己的劳动成果，品尝到甘甜的劳动果实，得到了愉悦的享受。

　　曾经有这样一个民间故事：很久以前，在中原的伏牛山下，住着一个叫吴成的农民。他一生勤俭持家，日子过得无忧无虑，十分美满。临终前，他把一块写有"勤俭"二字的横匾交给两个儿子，并告诫他们说："你们要想一辈子不受饥挨饿，就一定要照这两个字去做。"后来，兄弟俩分家时，将匾一锯两半，老大分得了一个"勤"字，老二分得一个"俭"字。老大把"勤"字恭恭敬敬高悬家中，每天"日出而作，日落而息"，年年五谷丰登。然而他的妻子过日子却大手大脚，孩子们常常将白白的馍吃了两口就扔掉，久而久之，家里竟然没有一点余粮。老二自从分得半块匾后，也把"俭"字供放在中堂，却把"勤"字忘到九霄云外。他疏于农事，又不肯精耕细作，每年所收获的粮食不多，尽管一家几口节衣缩食、省吃俭用，总是难以持久。这一年遇上大旱，老大、老二家中都是空空如也，他俩情急之下扯下字匾，将"勤""俭"两块匾踩碎在地。这时候，突然有一张纸条从字匾中飞出，兄弟俩连忙拾起一看，上面写道："只勤不俭，好比端个没底的碗，总也盛不满！""只俭不勤，坐吃山空，一定要挨饿受穷！"兄弟俩恍然大悟，"勤""俭"二字原来不能分家，它们相辅相成，缺一不可。吸取教训以后，他俩将"勤俭持家"四个字贴在自家门上，提醒自己，告诫妻室儿女，身体力行，此后日子过得一天比一天好。

　　1924年，来自世界各地的29个国家参加了在意大利米兰举办的第一届国际储蓄银行大会。会议的最后一天，也就是10月31日，意大利教授Filippo Ravizza提议把这一天作为"国际节能日"。这个提议得到了大家的热烈响应，之后大会通过决议，决定创立一个致力于促进全世界

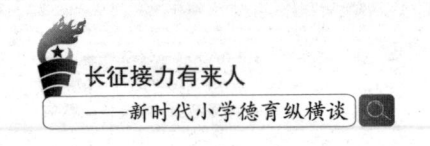

共同勤俭节约的"世界勤俭日"。

这位意大利教授为什么发出这样一项倡议呢？人们为什么这么积极地支持这样一项倡议呢？一个极为重要的原因是：世界人口已经突破70亿，仅就地球资源消耗来说，人类必须做到勤俭节约。

但是，随着人们生活水平的逐步提高，浪费现象越来越严重，从一滴水到一度电，从一粒米到一分钱，从一张纸到一支笔……浪费现象随处可见。现代化的工业生产、人们的日常生活每天都要消耗大量的能源，各种资源日益枯竭，节能减排迫在眉睫。

世界勤俭日的确立，体现出全世界对勤俭节约的重视与呼唤。勤俭节约，已经成为一个国际性的主题。现代文明推崇勤俭节约，是对有限资源的珍视，是对过度消费的抵制。社会要进步，国家要发展，一切都离不开资源的消耗，更离不开人们的勤俭节约。因而，勤俭节约也是养成教育的重要内容。

勤俭节约是中华民族的传统美德，是我们的传家宝。古人云："俭，德之共也；侈，恶之大也。""历览前贤国与家，成由勤俭破由奢。"小到一个人、一个家庭，大到一个国家，甚至整个世界，要想生存，要想发展，都离不开勤俭节约。诸葛亮把"静以修身，俭以养德"作为修身之道；朱子将"一粥一饭，当思来处不易；半丝半缕，恒念物力维艰"当作齐家的格言；毛泽东以"厉行节约，勤俭建国"为"治国"的方针。建设中国特色的社会主义，浪费也是一种腐败。只有形成"铺张浪费可耻，勤俭节约光荣"的社会风尚，而且从少年儿童抓起，才能实现国富民强的宏伟目标。

因此，我们在培养学生热爱劳动的同时也要崇尚节俭，养成良好习惯，如爱惜学习用品，不在课本上乱写乱画，不随便撕坏作业本。纸上书写两面用，尽量使用再生纸；不随便向家长要钱，不乱花钱；珍惜粮食，不挑食，不浪费饭菜，积极参与光盘行动；节约用电、用水，做到人走灯灭，水龙头用后随时关紧；节约资源，减少污染。慎用清洁剂，尽量用肥皂，减少洗涤剂中的化学物质对水的污染。绿色消费，环保选择；重复使用，多次利用。尽量少使用一次性用品，不使用一次性塑料和餐盒，不使用一次性筷子，自备购物口袋或提篮；垃圾分类投放；保护自然，不猎杀、不虐待、不遗弃小动物和宠物，不食用由珍稀动物和受保护动物制作的物品，不吃珍稀动物和受保护动物；植树造林，爱护绿地、花草、树木；讲究卫生，保护环境。不随地吐痰，不乱扔垃圾，不制造噪声。

四

养成教育强调学以致用，知行合一。

"知之而不行，虽敦必困。""学而不化，非学也。"学习是为了应用，数学家华罗庚说：独立思考能力是科学研究和创造发明的一项必备才能。在历史上任何一个较重要的科学上的创造和发明，都是和创造发明者独立地深入地看问题的方法分不开的。我们把这方面的行为规范归纳为：学会用归纳、总结、引申、牵延等方法，在头脑中形成知识链接；家庭作业不依赖父母，自学自查，培养孩子独立完成作业的习惯；新知联系旧知，尽量让自己多想，想不到时再寻求帮助；多读多写，读写结合，多读题，多分析，多思考，细心钻研；激发孩子写作兴趣，把

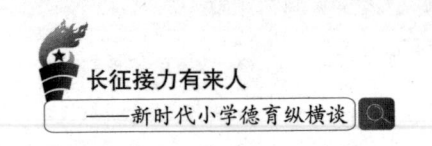

书中的语言变为自己的语言。在这方面，我们还要善用榜样教育法，为学生树立古今中外的榜样楷模。

养成教育要常抓不懈，抓反复，反复抓，要做到勒石有印，久久为功。

"树木固本，树人育心。"在教育实践中，我们学校坚持系统化、系列化的主线，遵循教育与强化、他律与自律相结合的原则，将养成教育的每一项工作落小、落细、落实，持之以恒、长抓不懈，形成低中高衔接德育一体化的体系，让养成教育更加扎实、深入、有效，其主要措施是实施行之有效的量化管理。学校实行百分评比和值周生检查制度，定期颁发流动红旗，开展"文明岗"值岗最优班级、"文明之星""美德少年""劳动小能手"等集体、个人评选活动，学校被评为"全国文明校园"。我们还根据不同学段学生的年龄、心理、认知特点，大力践行、有序推进养成教育，科学设立目标与教育重点，分年级制定《行为规范评价标准》，让学生养成良好习惯，奠定行为基础，树立文明风尚。

新版《北京市中小学生日常行为规范》颁布后，我们立即以"新规范　新征程"为主题，通过班队会、升旗仪式、专题教育活动等各种途径对养成教育进行了更为深入、更为细致的全面深化，开学典礼第一课，就是校长亲自登台讲解行为规范。

以文化涵养道德，以道德指导行为。引导学生树立远大志向，培育美好情操，学习古圣先贤的思想，继承仁人志士的夙愿，实现革命先烈的理想，树立美好生活的向往，是养成教育的深远意义，要用正确行动、正确思想、正确方法教育引导学生，循循善诱，春风化雨，让同学们在养成教育中得到文化的营养浸润，感受教育的智慧情怀，在心灵深处深深埋下精神文明的种子，让好习惯伴随学生一生。

3 星星火炬　代代相传

——三谈加强学校少先队工作

星星火炬 代代相传
——三谈加强学校少先队工作

少先队工作是学校德育的重要组成部分，不可或缺也不可替代。

共产党是先锋队，共青团是突击队，少先队是预备队。每年9月30日烈士纪念日，在天安门广场人民英雄纪念碑前举行的庄严肃穆的祭奠仪式上，献上的九个花篮中第一个花篮上署名"中国共产党中央委员会"，最后一个花篮上署名"中国少年先锋队"，现场的少先队员会齐唱队歌《我们是共产主义接班人》，这有力地说明了党、团、队是一脉相承、薪火相传的。

一

2021年1月31日，《中共中央关于全面加强新时代少先队工作的意见》发布，它明确指出："少年儿童是祖国的未来、中华民族的希望，也是党的未来。我们党始终高度重视少年儿童、亲切关心少年儿童，始终把培养好少年儿童作为一项关系红色江山永不变色的战略性、基础性工作。中国少年先锋队是党创立和领导的中国少年儿童的群团组织，是少年儿童学习中国特色社会主义和共产主义的学校，是建设社会主义和共产主义的预备队。长期以来，在党的坚强领导下，中国少年先锋队团结、教育、引领一代又一代少年儿童听党话、跟党走，在革命、建设、改革的各个历史时期健康成长，为党的少年儿童事业发挥了不可替代的重要作用。"

全面加强学校的少先队工作，强化对少年儿童的政治启蒙和价值观塑造，确保党和人民事业薪火相传、后继有人，这对于传承红色基因、

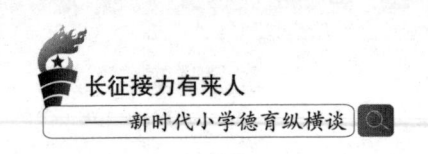

赓续红色血脉具有重大而深远的意义。我们必须以《中共中央关于全面加强新时代少先队工作的意见》为根本遵循，把做好少先队工作当作全面加强党的领导，全面强化政治引领，全面优化成长环境的根本举措，努力使学校少先队工作再上新台阶，再创新局面。

中国共产党一经诞生，就把为中国人民谋幸福、为中华民族谋复兴确立为自己的初心使命。100多年来，中国共产党团结带领全国人民，浴血奋战、百折不挠，建立了新中国，实现了民族独立、人民解放；自力更生、发愤图强，取得了社会主义革命和建设的伟大成就；解放思想、锐意进取，走上了改革开放和社会主义现代化建设的康庄大道；自信自强、守正创新，创造了新时代中国特色社会主义的伟大成就，开启了中华民族从站起来、富起来到强起来的新征程！

伟大的道路需要不断开拓，伟大的事业需要继往开来，历史川流不息，精神代代相传。我们要继续弘扬光荣传统、赓续红色血脉，就要培养好接班人，建设好预备队，从而在新的征程上开创美好未来。因此，通过少先队的组织教育，引导队员们学史明理、学史增信、学史崇德、学史力行非常重要。明理是增信、崇德、力行的前提。我们要从党的辉煌成就、艰辛历程、历史经验、优良传统等方面引领队员们深刻领悟为什么没有共产党就没有新中国，为什么没有共产党就没有改革开放，为什么没有共产党就没有现在的幸福生活，为什么没有共产党就没有中华民族伟大复兴的深刻道理，从而从小培育他们四个自信的意识，听党话、跟党走，做党的好孩子！学史增信，就是要从小培植信仰、树立信念、增强信心。学史崇德，就是要引导广大少先队员传承红色基因，培养高尚道德，践行文明公德，形成律己品德。

★星星火炬 代代相传
——三谈加强学校少先队工作

　　致敬百年辉煌，凝聚奋进力量。在纪念建党百年的时候，我们学校隆重开展了"永远跟党走　奋进新时代"主题教育活动，党员、团员、少先队员齐动员，用无限热爱的激情、异彩纷呈的形式抒发了对伟大的中国共产党的热爱、感恩、致敬和祝福，表达了立志担当复兴大任、按照党的要求成长的坚定决心。党员在党旗下重温入党誓词，老中青三代教师传承接力，砥砺初心，师生拿起纸笔，向党抒怀，对话革命先烈，对话时代楷模，字里行间洋溢着赤子之心，报国之情；少先队员们以色彩传情，以笔墨感怀，向党致敬，憧憬未来，他们激情满怀，写信给习近平总书记，汇报成长，表达志向。信中说："为了唱好《长征组歌》，我们了解了长征的经过，观看了有关长征的影视作品，阅读了有关长征的书籍，大家被红军'万水千山只等闲'和'革命理想高于天'的精神所感动，全身心地投入到演唱中去。演唱获得了成功，'长征接力有来人'的主题教育活动也持续开展了起来。从那时到现在，辅导员老师带领我们开展了'长征历史我了解''长征歌曲我来唱''长征故事我来讲''长征足迹我访寻'等丰富多彩的活动，学校还为大家编写了校本教材《长征》，开设了有关长征的校本课程。除此之外，我们还把'长征精神'的教育融入语文、数学、体育、音乐、美术等各门课程之中。为了做到知行合一，辅导员老师和家长志愿者还带领同学们进行了'寻访革命圣地　传承长征精神'的研学考察，我们到了井冈山，到了遵义，到了延安，还到了您当年插队战斗过的梁家河……受到了生动的红色基因教育。从那时起，我们一直把长征精神作为最宝贵的精神财富，激励着大家好好学习、天天向上！

　　"习爷爷，您说'长征永远在路上，每一代人都要走好自己的长征路',我们记住了!您说的'伟大长征精神,作为中国共产党人红色基因和精神族谱的重要组成部分,已经深深融入中华民族的血脉和灵魂,成为社会主义核心价值观的丰富滋养,成为鼓舞和激励中国人民不断攻坚克难、从胜利走向胜利的强大精神动力'。我们一定努力做到!走进新时代,开启新征程,我们牢记您的教导,不断深化长征精神教育,实施了'大视野 新长征'的德育工程。习爷爷,今年是建党100周年,'学党史,感党恩,听党话,跟党走,做党的好孩子'正在成为我们的积极行动,我们正在开展'拿起纸笔,见字如面''与先锋对话,写给心中榜样一封信'的活动。大家纷纷拿起笔,给自己心目中敬佩的人写信。令人欣喜的是,我们陆续收到了来自科学家、航天员、奥运冠军、大国工匠、行业楷模的回信!这些回信让我们感受到了新长征路上党和人民的殷切期望,感受到了共产党员的先锋模范作用,感受到了自己肩负的责任。

"长江一浪推一浪,事业一棒接一棒。在我们成长的道路上,还有许多'雪山''草地'需要跨越,还有许多'娄山关''腊子口'需要征服,但我们不怕!我们一定高举星星火炬的旗帜,牢记您的教导,跟着党走好我们这一代人的长征路,践行社会主义核心价值观,做到前进有方向,奋斗有目标,心中有信仰,脚下有力量,从小学先锋,长大做先锋!"

二

学校少先队工作的根本任务是立德树人,培根铸魂,传承红色基因,赓续红色血脉,聚焦政治启蒙和价值观塑造,增强少先队员荣誉感，坚持组织教育、自主教育、实践教育相统一，不断推进少先队组织创新和工作创新，团结、教育、引领广大少年儿童努力成长为能够担当民族复兴大任的时代新人。为此，要做到六个必须：

1.必须坚持党的领导，高举队旗跟党走，把党的要求不折不扣贯彻落实到少先队的工作和建设之中。

2.必须坚定不移强化少先队工作的政治属性，持续加强政治启蒙，从小培养少年儿童对党和社会主义祖国的朴素情感。

3.必须完善政治培养链条，构建阶梯式成长激励体系，引导少先队员从小学先锋、长大做先锋。

4.必须坚持组织教育、自主教育、实践教育相统一，强化少先队员的小主人翁意识和参与能力，促进少先队员在集体中健康成长，使少先队教育与学校教育、家庭教育、社会教育相互配合、和谐共进。

5.必须坚持与时俱进、改革创新，尊重少先队员的主体地位，遵循少年儿童成长规律，用少年儿童喜闻乐见的形式把有意义的道理讲得有意思。

6.必须改革创新少先队组织建设、队伍建设、阵地建设、机制建设，着力打造政治鲜明、思想先进、团结友爱、活泼向上的新时代少先队组织。

做到六个必须，关键是抓好主责主业，用正确的思想启迪少先队员，用科学的知识充实少先队员，用生动的实践锻炼少先队员，用先进的典型激励少先队员，引导少先队员牢记总书记的话、按党的要求做，树立远大理想，培养优良品德，勤奋学习知识，锻炼强健体魄，培养劳动精神，全面发展，健康成长。

三

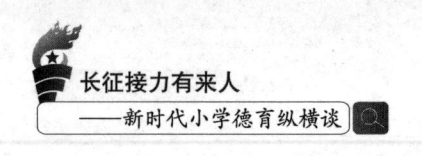

加强学校少先队工作，要夯实基础，抓紧抓好七项基本建设工作：

1. 组织建设。坚持全童入队，实施分批入队，经过充分的队前教育，达到"六知、六会、一做"的基本标准：知道少先队的名称，知道少先队的创立者和领导者，知道队旗的含义，知道少先队员的标志，知道少先队的作风；做到会戴红领巾，会敬队礼，会呼号，会唱队歌，会背入队誓词，会写《入队申请书》；入队前要为人民做一件好事。队前教育由大队委员会统一组织，委托中、高年级的中队干部或优秀队员帮助开展，向一年级派"小辅导员"或通过手拉手等形式进行，帮助低年级建立委员会。在疫情严重的情况下，我们通过网上学习的方式，开设了面向低年级的系列队课，如"少先队的光荣历程""飘扬的红领巾""时刻准备着"……帮助一年级小同学认识少先队，从小立志向。

完善少先队组织系统，召开学校少先队代表大会，建设好大中小队，实行队干部民主选举，加强对队干部的培训，提高队干部的综合素质。我们曾带领少先队小干部来到故宫博物院，走进金碧辉煌、气势宏伟的皇家建筑群，了解故宫的历史，通过亲自动手丈量柱子的周长、城门的宽度、方砖的面积等实践活动激发大家对中华传统建筑文化的兴趣，感受劳动人民的聪明智慧。大家听取了《太和殿上的精灵》等文化讲座，并亲手制作"脊兽"头饰、参与趣味性游戏，在实践中开拓了视野，增长了见识，对博大精深的中华传统文化有了形象的了解。

2. 文化建设。少先队教育是组织教育，是我国基础教育文化的重要组成部分。班会是学生的集体生活，队会是队员的组织生活，定期召开班队会，做到主题鲜明、内容丰富、形式多样，多种形式并举，包括注重调查研究的汇报式、民主开放的讨论式、典型引路的报告式、情趣盎然的联欢式、充分互动的论辩式、灵活机动的即兴式、自主创新的论坛式、学习交流的观摩式、丰富多彩的汇演式、催人奋进的展示式、力争上游的竞赛式等；按时保质保量上好少先队活动课，不断提升主题队会的质量，开展活动竞赛和优秀中小队评选活动，培养队员的集体荣誉感和创造精神。加强少先队的"小家务"活动建设，丰富内容，创新形式，提高阵地的层次和教育效益。建立友谊中队，深入开展手拉手活动，形成互联互帮互学机制。设立红领巾志愿岗，发动红领巾志愿者们从身边小事做起，用实际行动帮助和带动周围同学。

少先队标志是少先队组织建设的重要组成部分，是少先队组织的重要文化特征，是少先队对少年儿童进行思想道德教育、组织纪律教育，培养集体荣誉感和文明行为习惯的重要手段。少先队礼仪具有形象性、严肃性和感染性。因此，要通过塑造新时代少先队组织文化，充分用好红领巾、队旗、队徽、队歌、队礼、呼号等少先队标志标识，以及"六一""十·一三"建队日等少先队重大节庆日的教育内涵，增强少先队仪式的庄重感和感染力。

3. 活动建设。寓教育于活动之中是少先队工作的基本途径。少先队活动必须坚持小切口、大纵深，将政治启蒙和价值观塑造融入实践全过程，将大道理解析为少先队员能够听得懂、做得了的具体行动，引导他们在活动中感知新时代，得到新锻炼。

少先队活动要坚持"教育成系统、活动成系列"，既注重整体策划、长期规划、不断深化，又突出审时度势、因势利导、阶段主题。我们通过各种形式特别是"我爱你中国""我与祖国共成长"等各种主题教育活动、研学考察活动着力培养少先队员对党和社会主义祖国的朴素情感,给队员们讲好党史、新中国史、改革开放史、社会主义发展史的故事,引导他们认识到祖国建设的伟大成就和今天的幸福生活归根结底来源于党的正确领导、源于革命先烈的英勇牺牲、源于人民群众的艰苦奋斗、源于我国社会主义制度的优越性,发自内心热爱党、热爱祖国、热爱人民,发自内心拥护中国特色社会主义,从而认识到自己肩负的责任,从小时刻准备着。

少先队活动要尊重少先队员的主体地位,运用他们喜闻乐见的方式,引导他们亲近自然、接触社会、体验改革、了解社情国情民情,在活动中增长才干、不断进步。少先队活动要面向全体,全面活跃,大队活动引领动员,中队活动承上启下,小队活动丰富多彩,大、中、小队都动起来了,活起来了,学校的少先队组织才能充满活力。为了让队员们了解我国科技的飞速发展,培养队员们从小爱科学、敢创造的精神,我们每个年度都要举办科技节,开展"科技点亮童心 创新助梦成长"主题活动。"悬浮魔术桌"博得满堂喝彩;桥梁承重赛扣人心弦;水火不容、掌中火、闻干冰的味道、冒烟爆米花、空气大爆炸、大象牙膏等科技项目的体验让队员们大呼过瘾。创意百出的科技项目让队员们体验了科技的乐趣,感受了科技的魅力,展示了队员们对科学的执着追求,拓展了知识视野,播撒了科技强国的种子。与此同时,我们还努力加强与港澳台地区少年儿童的交流,加强与世界各国特别是"一带一路"沿线国家或地区少年儿童的友好交往。我们邀请"台湾元智大学"科学教育研究中心的专家团队带领大家通过简单的道具、风趣的讲解,亲身体验波义耳定律、伯努利原理现象，呈现空间与气体压力之间的联系，巧妙创造高气压、低气压流动环境，让气球在空中悬浮……从而在密切交往中增进两岸之间的了解，增强同学们祖国统一的坚定信念。

少先队活动要与时俱进，抓好教育契机。在我们开展的"我向习爷爷说句心里话"主题活动中，同学们通过书信、书法作品和手工制品等各种形式生动地说出了要向习近平爷爷、向亲爱的党说的心里话。

4. 机制建设。努力实现少先队工作系统化、规范化、社会化，必须建设资源整合、队伍强化、阵地利用、队员参与的工作机制，学校少先队工作上要符合文件精神，下要符合队员的认知规律，还要符合学校的教育教学工作尤其是德育工作的实际，既要做到系统、常态、规范，又要在年级之间、校区之间协调、递进、贯通，形成自下而上、横向配合、纵向衔接、循序渐进的工作机制，坚持眼睛向下看，围着队员转，抓基层、打基础、求实效，不断总结新经验，发现新问题，进行优化完善。

机制建设要落实少先队活动课等各项制度，不断强化组织意识，以增强少先队员荣誉感为中心，紧密结合少先队员日常学习生活，尊重少年儿童不同成长阶段的认知规律和行为特点，对政治启蒙和价值观塑造的要素进行儿童化的、逐步深入的生动解析，运用少先队特有的奖章、荣誉、服务岗位、实践体验等多种激励载体，具体化、常态化、持续化地激发少先队员荣誉感的内生动力，引导少先队员在追求一个个小目标的过程中接受政治启蒙和价值观塑造，从小培养其热爱祖国、热爱人民、热爱中国共产党的朴素情感。

在机制建设中要特别注重完善实践育人的机制，引领少先队员从热爱集体、关心他人、团结友爱、乐于奉献、遵纪守法做起，让社会主义核心价值观入脑入心，在少先队组织中发扬集体主义、培养团队意识、增强纪律观念，在日常生活中培育志愿服务的精神，引导少先队员心有目标，学有榜样，从小做起，从自己做起，从身边做起，从小事做起，严格要求自己，将养成教育落到实处，天天有目标、时时有进步，循序渐进地接受政治启蒙和价值观塑造，让"诚实、勇敢、活泼、团结"蔚然成风。

5.阵地建设。建立校内外互为补充、有机联动的少先队实践教育阵地，不断拓展实践活动项目和载体。按照《少先队改革方案》的要求，明确目标，主动而为，不断激发队员参与"大视野 新长征"活动的兴趣和热情，以"大视野 新长征——争做新时代好队员"为主题，按照不同年龄和学段特点，分层系统开展岗位体验、志愿服务、科学普及、研学考察等丰富生动的阵地活动。我们不但建立了规范的少先队队室、红领巾广播站、电视台、鼓号队等常规阵地，而且还通过"互联网+"的形式加强了少先队的信息化阵地建设。

在规范设置队委会岗位的前提下，广泛征求队员意见，在中队尽可能设置更多类型的岗位，最大限度地让更多的队员参与到志愿服务中，引导少先队员在组织的教育引导下、在辅导员的帮助下，通过各种途径进行自我教育、自我管理、自我服务，用儿童化、生活化的方式，着力强化劳动实践，吸引少先队员主动参与、主动创造，帮助少先队员树立劳动最伟大、劳动者最光荣的意识，培养勤俭、奋斗、创新、奉献的劳动精神，在实践体验中增强其责任意识和综合能力。

6.队伍建设。辅导员是少先队组织的引领者和指导者。在狠抓教师队伍建设的同时加强少先队辅导员建设，强化政治素质，突出政治要求，明确岗位职责，严格配备标准，完善任职程序，健全激励机制，真正做到培训有规划、有制度、有落实、有实效；配备有标准、优化结构，配齐配强并保持相对稳定，确保事有人干、责任到人。聘请优秀党员和各条战线先进人物、符合条件的优秀家长等担任少先队志愿辅导员，并建立评价和动态管理制度，加大考核力度，加大支持力度，加大奖励力度。

7. 科研建设。毋庸讳言，目前在学校少先队工作中还存在一些不容忽视的问题，例如：只有宏观要求，没有具体规范；只有典型经验，没有普遍依据；只有约定俗成，没有制度保证。客观地说，少先队教育成人化、工作表面化、活动形式化成为顽症，亟待重视和解决。切实加强少先队的规范化建设，成为学校少先队稳步发展的关键环节，也是之所以需要强化少先队科研工作的重要原因。没有规矩，何以成方圆？因此，从少先队整体建设的各个层面展开课题研究，制定和推广科学规范，是学校少先队科研工作的当务之急，更是学校德育审时度势、因势利导的战略意识、服务意识的具体体现。我们应该求真务实、开拓进取，给一线的辅导员们提供既能体现时代引领，又能得到普遍推广，既能体现自身特色，又能指导实践的规范化指导。要通过加强少先队的规范化建设，全面准确地反映少先队组织性质，全面深刻地总结少先队工作经验，全面科学地规范少先队组织的行为，全面细致地指导少先队的组织生活，全面客观地揭示少先队的教育规律，更好地落实少先队的根本任务，切实增强少先队的凝聚力和感召力。为此，要坚持在继承中发展，在求实中创新的原则，既借鉴经验，注重理论依据，又勇于创新，做到与时俱进。要坚持从实践中来到实践中去的原则，实事求是，既要

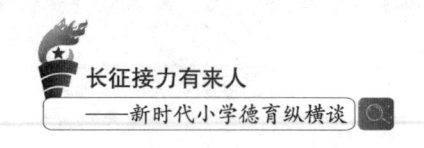

体现少先队组织的深度、广度、力度，又要力求通俗、科学、准确，做到权威性、系统性、实用性和普及性相统一；要坚持抱朴含真、科学严谨的原则，既要充分吸收当代少年儿童教育的最新科研成果，又要客观地展现少先队的精神面貌，体现中国少先队的文化内涵，审时度势，因势利导，不断激发少先队的创造力和发展力，更好地扎根学校、渗透家庭、辐射社区。

四

把广大少年儿童团结好、教育好、带领好，让熊熊火炬代代相传，是一项艰巨而复杂的系统工程。实践表明，少先队事业的蓬勃发展，是党的事业始终保持生机和活力的重要源泉；少年儿童的健康成长，是国家和民族永远兴旺发达的希望所在。

做好学校少先队工作，关键是强化党建带队建，推进党、团、队一体化建设，完善领导机制，加大政策支持，加大保障力度，贯彻落实《中共中央国务院关于深化教育教学改革全面提高义务教育质量的意见》中"加强学校党的建设，充分发挥学校党组织领导作用，强化学校党建带团建、队建"的要求，坚持以习近平新时代中国特色社会主义思想为指导，聚焦少先队政治启蒙和价值观塑造主责主业，着力加强少先队工作体制机制建设，为培养全面发展的社会主义建设者和接班人，提供坚实的政治保障。为此，学校将少先队工作纳入学校党建工作计划，党组织每学期专题研究少先队工作，建立学校少工委，从制度上加强学校党组织对少先队工作的领导,将少先队工作纳入学校党建督导考核范围。夯实党建带队建的职责,学校党政领导作为少先队工作的第一责任人,亲自研究队的工作、亲自参与队的活动、亲自听取队的汇报、亲自解决队的问题,认真抓好少先队辅导员的配备、管理和培训,积极动员家长支持参与少先队工作,不断促进少先队工作整体水平的提升。为纪念中国人民抗日战争暨世界反法西斯战争胜利70周年,我们组织了"勿忘国耻,圆梦中华"党团队员承诺践诺集体宣誓活动,党团队员一起回顾抗战历史、缅怀先烈,分别在党团队旗下重温誓词,承诺"铭记历史、缅怀先烈、珍爱和平、开创未来"。

改革开放使少先队充满了勃勃生机,也给少先队提供了发展机遇。学校少先队要以提高少年儿童的全面素质为中心,以组织起来的实践活动为基本途径,以竭诚为少年儿童全面发展服务为宗旨,不断增强少先队组织的吸引力和凝聚力,充分调动社会各方面的积极性,抓住机遇,守正创新,使少先队真正成为少年儿童百炼成钢的大熔炉。

岁月沧桑,初心从未改变;旌旗猎猎,使命永在肩头。催人奋进的新时代,常存着先烈的精神,书写着奋斗的故事,翻腾着磅礴的力量,奔涌着复兴的梦想,在党的光辉旗帜指引下,我们的旗帜火一样红,熊熊火炬必将代代相传。

4 继往开来 守正创新

——四谈拓宽路径创新载体

● 继往开来　守正创新
——四谈拓宽路径创新载体

学校德育是一个综合育人的系统工程，需要在从理念到实践的不同层面上做到求真务实、守正创新。因此，在立德树人的目标确定之后，路径和载体就显得非常重要。

随着教育改革的不断深化，德育的思想性、整体性、系统性大为增强，普遍性、适用性、针对性的路径和载体更加丰富，表现出了资源优化重组、协同共进、科技催生、功能整合的发展趋势。

我们要抓住时机，从符合少年儿童的认知水平和接受规律出发，进一步梳理活动内容，横向多渠道、纵向多层次地认真研究和努力创新生动活泼、富有成效的育人路径和载体，坚持正面教育，加强有效灌输，注重科学引导，树立先进典型，围绕育人目标，促进学生全面发展，健康成长。

学校德育的基本路径与载体大致可分为：

●各种媒体的运用与开发。包括传统媒体，如报刊（校报校刊、队报队刊、黑板报、手抄报等）、校园广播站、校园电视台、学校图书馆（图书室、图书角）等。这类媒体的主要功能是传播正确舆论，发挥导向作用，建设宣传队伍，繁荣校园文化。还包括新兴媒体，如公益广告、手机短信、微信、互联网（包括校园网站和网群）、移动电视及触摸媒体等。这类媒体的主要功能是传播健康信息，扩大教育影响，加强感染力度，创新交流平台。无论哪种媒体，都应该加强舆论的引导，培育舆论的导向，运用舆论的力量，为立德树人、科学育人服务。

●学校文化建设。包括班级文化建设，主要分为隐性文化（校风、学风、教风、班风等）和显性文化（校训、校徽、校歌、班训、班徽等），也可以分为环境文化、制度文化等。

●体验教育的实践与拓展。包括：升旗仪式（每周一及重大节日、纪念日举行）；主题教育活动；各类小调研、小发明、小种植、小养殖、小考察活动；各种自理、自学、自律、自护、自强的学习实践活动；少年军校、少年科学院、红领巾通讯社等社团活动；假日走进博物馆、清明祭扫烈士墓等假期和纪念日活动。要求做到学校、社区、家庭三结合；班级、队组织、社团三结合；组织引导、信息影响、自我探究三结合；角色体验、岗位体验、服务体验三结合。

●公益活动的倡导与实施。包括红领巾志愿者行动、建立公益综合服务基地、开展手拉手活动、少先队干部轮换制等。公益活动引导学生做文明小主人、做环保小卫士、做安全小标兵、做爱心小使者、做快乐小主人。

●主题教育活动的常态化和深化。特别是班（队）会的召开与创新。

●榜样的宣传与引领。包括：创建英雄中队、优秀班集体，特色小队；表彰优秀队员、三好学生，争戴红领巾奖章；建立光荣簿、设立光荣岗；大力宣传古今中外的志士仁人、杰出人物的突出贡献；宣传革命先烈、优秀党员的崇高精神；宣传身边的优秀党团员和先进人物的模范事迹，传承红色基因，赓续红色血脉，树立可亲、可信、可敬、可学的榜样。

●品牌活动的打造与践行。包括国学启蒙教育、"大视野 新长征"主题教育、手拉手活动等。精心打造教育品牌、活动品牌和工作品牌，体现德育系统化、规范化，活动主题化、系列化，载体时代化、创新化。

●学生社团的创建与活跃。包括文学艺术社团、美术工艺社团、体育游戏社团、科技社团等，活动灵活机动，形式多种多样，注重全员参与，内容丰富多彩。

●文化时尚的引领与尝试。包括开展动漫（卡通）活动、自主创新的电子游戏、儿童诗和新童谣的创编传唱、少儿时装设计表演等，充分运用时尚元素，顺应时代发展变化，满足学生身心需要，守正创新，科学引领。

●心理健康的保健与改善。包括心理辅导和心理互助、心理培训等，运用心理学帮助师生改善心理机能、提高心理素质。

二

这里侧重谈谈班级文化建设。

文化是指人类在社会历史发展过程中制造的物质财富和精神财富的总和。

教育是一种文化，具有历史性、群体性、影响性。学校文化是教育文化在学校建设与发展中的具体体现。小学的学校文化更多地体现了基础教育的启蒙性、儿童性和发展性。因此，学校文化能够反映出一所学校"以文教化"的程度。

学校文化是为学生人生奠基的文化，是塑造未来的文化，因而必须形成高度概括性的、生动的、有活力的结构性体系，才能实现培养人、发展人的目标。

走进海淀区实验小学，你会处处感受到学校文化建设的魅力，无论是硬件建设，还是软件开发，哪怕是一间教室、一个旗座、一面墙壁、一个角落，都成为具有教育内涵的文化阵地，甚至是在几棵树下，也会安放上一组生动的雕塑，无言地陪伴学生快乐成长。在这里，别的学校有的文化形态，我们学校有，而且更为完善；别的学校没有的文化形态，我们学校也有，而且非常新颖。例如，校园里处处有彰显长征精神的宣传板块，同学们在进进出出之间就可以感受到历久弥新的长征精神，感受到"长征接力有来人"的殷切期望。

文明必须求同，文化一定存异。因此，学校文化在立德树人、培根铸魂上的原则要求是一致的，但在具体表现上却各有各的特色，这使校园充满人文气息，在激励中有内化，在氛围中育风尚。

这里主要谈谈班级文化建设。

班级是学校教育教学的基本单位，也是学生全面发展的成长平台。

班级文化是"班级群体文化"的简称，是班级基本成员共有的信念、价值观、态度的复合体。班级建设的过程就是班级文化的建设过程。班主任的重要职责就是围绕立德树人的根本任务，以社会主义核心价值观为引领，聚焦育人需要，结合班级实际情况进行班级文化建设。班主任运用相关政策和科学理念进行班级文化建设的能力，是班主任专业素质的具体表现，也是一项重要的基本功。

班级文化从结构上可以分为"显性文化"与"隐性文化"。

显性文化（物质文化）包括：教室墙壁上的名言警句、名人画像、桌椅布置、书画角、科普角、图书角、爱心角、黑板报、班训、班徽、班旗等标识，要符合学生身心特点、体现班级特色，既传播正能量，又通俗易懂有内涵，还要符合语法规范。

设计一个贴切的集体名称十分重要，既要代表班级形象，体现班级个性，也要简约响亮，富有内涵，例如"乐学"班、"博雅"班、"进取"班等。但也有部分班级名称存在问题。一是不够规范，例如"书香苑"班，"苑"泛指园林、花园，用来做班名，显然大了。二是不够简约，例如"雄鹰展翅"班，不妨就叫"雏鹰"班，既有"雄鹰展翅"的意思，也有儿童成长的含义；再如"书墨飘香"班，不妨就叫"书香"班，直接表达热爱读书的志趣。此外，还有些繁复的班名，如"翱翔的雁阵班"等，应予提炼。三是语焉不详，例如"云端蜂鸟"班，令人费解，蜂鸟是飞不高的，怎上云端？四是内涵不深，如"晨曦"班，"晨曦"原指黎明的微光，早晨的光芒。微光显露，朝气不够，不妨改为"朝阳"班。班名要由班级全体师生共同设计，具有动态的、发展的凝聚力和鼓动力。可以杰出人物命名，也可以人文形象命名，如"雷锋"班、"诚信"班等。

班训是班集体对班级的观念意识、行为习惯、行为方式中的积极因素进行总结、提炼的结果。它一般以一组言简意赅的短语对总结、提炼的结果加以概括，要求全体师生在班级各种实践活动中去体现。有的班训很好，有的需要斟酌修改。例如，"人人有岗、人人有责、和合成长"，就叫"人人有岗、人人有责"更加明确。再如，"做最好的自己，创最好的班级"就很好，目标明确，既有对成员个人的要求，也有集体奋斗的方向，而且朗朗上口。

提出一个响亮的集体口号，不但可以凝聚力量，鼓舞人心，而且会使班级充满活力，充满朝气。口号不仅要响亮，而且要求实创新，要儿童化、集体化，具有时代感和自身特色。有的班级口号，如"……出彩藏龙卧虎""……群雄风起云涌""……英才敢闯敢拼""……俊杰全是明星",不但繁复,而且不够谦逊和实事求是。有的如"二一二一,乐学善思,团结友爱,自强不息",可以直接表达为"二一二一,自强不息"。

设计一个人文的集体标志做班徽很有必要,班徽要富有儿童情趣,形象健康向上,内涵丰富,图案简洁。例如"乐学"班的班徽就很贴切:

快乐的向阳花汲取知识的营养、接受阳光的照耀和雨露的滋润茁壮成长,象征着同学们在快乐中学习,在快乐中成长。

显性文化还包括空间文化,班级环境干净、优美,适合学生年龄特点,富有安全性、人文性和独特性;班级环境布置体现学校育人目标及班级精神;班级空间文化的设计、布置要调动学生参与,体现学生的智慧;能够与学生发展之间形成互动,促进学生的自我形成和自我发展。苏霍姆林斯基说:要使教室的每一面墙壁都具有教育的作用。因此,教室的警句格言要准确,名人画像要慎重选择。

隐性文化包括组织文化、制度文化、观念文化、行为文化等。

组织文化要求根据学段特点建立班组和小队,组建班委会、队委会,发挥组织和集体的育人价值。班主任对班(队)委会的指导要做到面对面,心贴心,班级组织能发挥积极功能,形成良好的班风班纪,班级设置的各类岗位保持开放性,使每一位学生都能获得锻炼的机会。

制度文化是指各种班级规约,形成法制文化环境,必须强调规范,注重养成。班级制度在班主任的组织下,由学生民主协商产生,具有合理性、科学性和可操作性。班级制度要符合学生身心发展特点,贴近班级实际,促进学生自主管理。班级制度要体现适当的奖惩机制,对学生的评价要及时、恰当、具体、公正。

观念文化是关于班级、学生、社会、人生、世界、价值的种种观念，潜移默化地影响学生，其形成要整合各类有效资源，形成家校教育共同体。

行为文化包括制度和观念引发的集体活动，即从学生身上表现出来的言谈举止和精神面貌。行为文化建设包括：要积极开展各类教育活动，活动设计有规划、有重点、有亮点，体现班级精神，符合学生特点，主题明确、内容丰富、形式多样、吸引力强，同时营造师生彼此关注、理解、接纳、包容、尊重的班级氛围，师生关系融洽，学生幸福感强。家长与教师之间彼此尊重、相互理解，共同为学生成长助力。

班级文化建设最重要的是确立集体目标，这是班级建设的核心。远期、中期、近期目标的有机结合，需要共同认可、共同努力、共同实现，因此集体目标的确立要求看得见、摸得着、做得到。

小学班级文化建设的重要特征是班队合一、整体推进，教师（班主任）是班级文化建设的主导，学生是班级文化建设的主体，要充分体现出方向性（全面、全程、全员）、民主性（公平、公正、公开）、凝聚性（和谐、合作、合力），人人参与，个个努力。

班级文化建设的成效集中体现在班风上。班风是班级成员在共同目标的引导下，经过长期的努力，逐渐形成的和谐向上的集体氛围，是班级文化的外在表现，反映着班级的整体精神风貌与个性特点。良好的班风必然是教师儒雅、谦逊、好学、民主，学生团结、合作、活泼、上进。

制定班级文化建设方案要心有全局，注重整体，主题突出，目的明确，精心指导，充分发动全员参与。围绕建设目标制定措施，深入落实，形式活泼，灵活多样，注重创新。实施方案要特别注意做到放手不放任，姓导不姓包。

二

这里主要谈谈班（队）会。

寓教育于活动之中是学校德育的基本路径。

班（队）活动是由班主任（辅导员）和学生相互配合共同完成一定教育目的动作的总和。活动由目的、动机和动作构成，具有完整的结构系统。班（队）活动中学生（队员）是主体，班主任（辅导员）是主导。班（队）活动具有群体性、儿童性、实践性的特征；教育性、趣味性、社会性、创造性的原则；主题教育活动（主题班队会、公益行动、节日纪念日活动等）与常规教育活动（阵地性活动、机制性活动、培训性活动等）相协调的形式；因地制宜、因时制宜、因人制宜的要求。班主任（辅导员）要突出重点，突破难点，瞄准热点，打造亮点，努力做到把有意义的道理讲得有意思，把有意义的活动搞得有意思，让学生动情、动心、动行。班（队）活动是班级管理和集体建设的必由之路，必须做到教育成系统，活动成系列。

班队活动尤其是班队会一般都会有主题。主题教育就是指把具有一定特征的某种基本思想作为核心内容，并在系列活动实践中使其得到充分体现的思想道德教育。班队会在主题设计上要遵循实一点、小一点、活一点、新一点的原则。实就是联系实际，追求实效，求真务实；小就是主题要小，小中见大，便于操作；活就是生动活泼，富有情趣，引人入胜；新就是敢于创新，在有中生新，角度新颖。要善于转化，善于实化，善于儿童化，将大的主题转化为因人制宜、因地制宜、因时制宜、因班制宜的主题，避免空、泛、虚。

富有成效的班（队）会要做到有班（队）味儿，有童趣儿，有动静儿，有后劲儿。因此，要科学设计班（队）会的内容和形式。要充分尊重学生的主体地位，遵循学生的年龄特点，认真把握学生的情感、意识、信念形成的基本规律，将班（队）活动与学校其他教育教学活动有机结合。要精选与学生学习、生活经验密切相关的教育内容，采取学生易于接受的方式，组织开展丰富多彩的实践性、体验性活动，努力增强班（队）会的吸引力和实效性。除了立足学校、面向社会、渗透家庭，还需要延展活动空间，与分散化、碎片化的班（队）活动有机结合。少先队活动课每周一课时要予以保证，做到不挤占、不挪用、不架空，有质量。

班（队）活动的设计与动员，实施与深化都需要班主任（辅导员）发挥自身能力，绽放教育智慧，以其独有的魅力叩击学生的心灵，从而使学生产生强烈的共鸣。班（队）活动中班主任（辅导员）积极引导，同学们踊跃参与，使教育深深地融进学生血液，达到育人的至高境界。

班级（中队）是学校和少先队组织的重要所属层级，发挥着承上启下的重要作用。班会是学生的集体生活，队会是队员的组织生活，班（队）会是班级和中队特有的成员聚合形式，是班级和中队集体（组织）行为的重要载体和教育活动的常规形式。班主任往往身兼中队辅导员，因而班主任应充分运用班（队）会形式开展工作，实施教育。

班（队）会有四个基本特征：

1. 集体性。班（队）会中每个同学都可以发表自己的意见，参与集体管理，决定和解决集体中出现的问题。

2. 针对性。班（队）会应该常态化，可以专门为解决集体目前存在的某个问题而召开，也可以就某项主题教育而召开。

3. 儿童性。班（队）会内容丰富多彩，形式多种多样，学生是主体。

4. 教育性。班（队）会要充分发挥集体的感召力和凝聚力，让个人融入集体，形成健康的集体舆论、优良的集体风气，锻炼学生能力，提高学生综合素质，促进其全面发展。

班会要以培养学生的文明素质为核心，队会则以政治启蒙、组织教育为主；班会重视浓郁的集体氛围，队会讲究规范的组织礼仪；班会主张师生互动，强调集体舆论与集体作用，队会注重自主教育，强调小主人翁的创造性作用。二者要相辅相成，相互促进，才能实现立德树人的根本任务。例如，以下主题就比较适合于班会："爱要大声说出来""好习惯伴我成长""和好书交朋友""快乐课间动起来""光盘行动有你有我""家有一老，如有一宝"等；下列主题则适合队会："我爱红领巾""闪闪的红星传万代""我的梦'中国梦'""榜样的力量""红领巾志愿者在行动"等。

班（队）会有了好的活动主题，还要选择好活动的时机，班主任（辅导员）要做到"一察二问三引导"，就是要先调查，后研究，充分发动，巧妙策划，有力推动，审时度势，因势利导。要善于捕捉热点，抓住重点，突破难点，打造亮点，联系实际，注重实效。

班（队）会的形式包括：

1. 发布式班（队）会。通过事实和数据感受祖国建设与发展成就，进行爱国主义教育。要求注重调查研究，用事实说话，重在实事求是。

2. 报告式班（队）会。请革命前辈、先进人物、社会贤达做报告，宣传英雄事迹，树立榜样，典型引路，弘扬主旋律，传播正能量。

3. 论辩式班（队）会。通过对带有争论性问题的论辩，彰往察来，修身立行，提高辨别是非的能力和表达能力。这种班（队）会适合小学高年级。

4. 十分钟班（队）会，也叫微班（队）会。队员自主设计、主持、开展的班（队）会，因地制宜、因时制宜，灵活机动、充满乐趣，适合小队开展。

5. 即兴式班（队）会。当场选定主题，在规定时间内，由学生（队员）自己设计、自己组织的班队会，贵在守正创新，自主灵动。

6. 观摩式班（队）会。供学生（队员）之间或有关人员参观，有示范意义，学习观摩，树立典型，推广经验。

7. 会演式班（队）会。以主题表演的方式举行，可以分为文艺表演、科技和体育表演等，形式多种多样，活跃集体生活，倡导多才多艺，鼓励团队合作，丰富校园文化。

8. 展示式班（队）会。采用展示、展览形式，反映和固化教育成果，扩大视野、增长见识、交流学习，催人奋进。

9. 联谊式班（队）会。形式活泼，增进友谊，凝心聚力，共同进步，构建和谐集体。

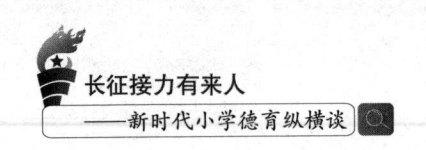

10. 竞赛式班（队）会。通过竞赛方式，激发学生积极性，发挥潜能，鼓励其力争上游，达标创优。

在教育实践中，以上班（队）会的形式往往会整合起来综合运用。

班（队）会要避免界定不清，相互替代及成人化、口号化、表演化严重的弊端，改变班主任（辅导员）一厢情愿、闭门造车、脱离实际，学生（队员）缺乏主动性、创造性、积极性的情况。班主任（辅导员）要将召开班（队）会作为德育的重要途径，精心设计，精心组织，精心指导，不做应景文章，不走形式。

三

这里着重谈谈网络的运用。

互联网的出现极大地改变了整个社会，同时也为学校德育提供了新的路径与载体。

通过网络实施德育是一项科技含量高、操作难度大的创新工程，需要多方面的支持和配合。学校德育由传统封闭型转向时代开放型，必须充分利用互联网的信息资源和传播手段。

进入互联网时代之后，不少同学认为计算机就是一种时尚玩具，上信息课就是玩计算机，"玩"成为他们对待现代科技产品的基本态度。

在学习一门新学科之前，"玩"的心理可以让学生更轻松地接受，这是有利的一面。德国一位著名教育家曾说过："教学成功的艺术就在于使学生对你教的东西感兴趣。"孔子也曾说过："知之者不如好之者，好之者不如乐之者。"意思是了解怎么学习的人，不如喜爱学习的人；喜爱学习的人，又不如以学习为乐的人。不利的一面就是很多学生抱着玩的态度来对待，认识上是错误的，这源于对社会发展和科技进步的认知缺乏。因此，我们首先要从认识上引导学生，使他们认识到现代信息技术是指利用计算机、网络、广播电视等各种硬件设备及软件工具与科学方法，对文图声像各种信息进行获取、加工、存储、传输与使用的技术之和。从广义上来讲，信息技术是研究如何获取信息、处理信息、传输信息和使用信息的技术。现在，智能手机及各种APP，无人机、无人车技术的日趋成熟，虚拟技术、云数据等信息技术手段已渗透到人们生活、学习、工作的方方面面。信息技术不光指计算机的应用，而计算机的应用也不光指玩游戏、看视频等娱乐功能，这一点大家在日常学习生活中已经感同身受。学生喜欢"玩"计算机，应该是信息学科"天然"的优势，虽然他们的喜欢带有一定的"偏见"。喜欢"玩计算机"的学生也分为多种情况，有的学生喜欢计算机带给自己的"科技感"，喜欢计算机技术的"无所不能"；有的学生则喜欢计算机作为工具所提供的信息或是休闲娱乐方式，比如计算机游戏等。学生"不识庐山真面目"，可能正是"只缘身在此山中"，因此引导学生发现生活中的高、新信息技术，关注科技新闻，培养学生的信息素养，对他们从小树立投身科技创新的信念非常重要。

信息技术教育的本质是利用信息技术培养学生信息素养。利用信息技术只是一种手段和工具，最终目的是培养学生的信息素质，以适应信息社会对人才培养标准的要求。换句话说，信息技术教育不仅仅是软硬件知识学习，而且要使学生通过掌握包括计算机、网络在内的各种信息工具的综合运用方法，来培养学生的处理、创新的能力，为适应信息社会的工作、学习与生活打下良好基础。

手机的功能日臻完善，很多小学生已经能够熟练地使用手机通信、支付、摄影摄像，甚至制作表情包。自媒体时代是指以个人传播为主，以现代化、电子化手段，向不特定的大多数或者特定的个人传递规范性及非规范性信息的媒介时代。在互联网和手机通信飞速发展的今天，微信朋友圈、微博、抖音等网络平台成为学生日常交际的媒介。同时，这些网络平台具有充分自主和自由的特点，也成为学生摆脱家长和老师束缚展示自我的舞台。同学们要想得到大家对自己的关注，展示自己的能力要通过正当的渠道、合适的载体。我们应该从学生的身心特点出发，循循善诱，晓以利害，帮助他们明辨是非，改正错误。同时，鼓励他们运用自己的特长，从守正创新的角度出发，将班里的好人好事通过表情包的方式加以褒扬，为班级文化建设做出贡献。

由此可见，互联网是把双刃剑，在给教育带来极大便利的同时也带来了严峻的挑战，利用好了事半功倍，利用不好会产生负面作用，危及学生身心健康。教师不仅要向学生普及网络安全知识，传授网络传播技能，更要对学生进行网络的法律法规教育，安全上网，文明上网。

微信群作为网络信息交流的一种形态，已成为人们工作、生活必不可少的交际载体。同样，微信群聊也是现今学生重要的社交方式。学生在网上思维开放，言辞尖锐，是因为网络具有即时性、公开性、匿名性和群体参与性的特点。在这样的环境中，学生解除了传统教育模式下固有的防范和恐惧心理，敢于"我手写我口，我口说我心"，相互联系，主动交流，讨论问题，抒发情感，甚至协调行动，其作用不容小觑。学生在微信群中获得自由表达的话语权，满足了渴望被关注的心理需求，不再是现实生活中那"沉默的一部分"。借助微信群的交流平台，学生猎取新知识，追求创新，表达诉求，有利于知识的储备、思维的形成和心理的健康发展，但如果引导不好，也会产生错误的言行、不良的情绪，从而导致负面的群体效应，对学生的成长产生不良影响。因此，教师特别是班主任要善用网络进行积极的引导，将学生的兴趣、愿望和意志引导到向善向上的主流上来，传播正能量。

目前，依赖互联网，普遍建立起了局域网络，各种"群"十分活跃，因此强化互动，提升网络传播的品质和文明程度，增强团结、教育、引导功能，打造学生和家长喜爱的育人平台迫在眉睫。

班主任要和家长配合，努力创造条件让学生多参加集体游戏、户外活动，满足愉悦身心的需求，同时消除他们对互联网的猎奇心理，增强他们抵抗网络诱惑的能力。要密切关注具有"网瘾"的学生的情绪和行为，提醒家长细心观察孩子的行为习惯，见微知著，从细微变化中发现他们的异常行为，从而相互配合予以教育和引导。对"网瘾"过大的学生要给予更多的宽容、更多的耐心、更多的科学引导，对他们每个微小的进步予以鼓励，帮助他们实现进步目标，让他们在现实生活中脚踏实地体验成长，感受幸福，获得成功，逐步抵消网络中虚拟的诱惑和影响，营造学生自控、自律、自善、健康成长的氛围，逐步养成良好的网络伦理道德。

班主任（辅导员）要善于通过班队活动，指导学生（队员）正确处理好虚拟世界与现实世界的关系、休闲娱乐与学习工作的关系，引导他们将时间和精力用到学习中去，使他们从被动地沉溺网络转为主动地驾

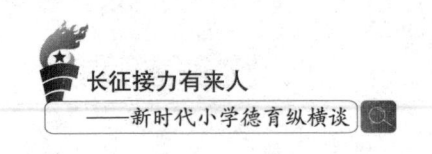

驭网络，做网络的小主人。

马卡连柯说过："真正的集体，并不是单单聚集起来的一群人……而是在自己面前具有一定共同目标的那种集体。"班主任要根据学生特点、班级特点，引领同学们确立班集体的奋斗目标，并将其具化为各个具体行动目标，调动和激发每一个学生的集体荣誉感。在微信群中，班主任要善于发动班干部运用各自的影响力，成为群聊话题的发起者、舆论情绪的矫正者，引导大家端正态度，培养健康向上的集体舆论，弘扬正气，引导学生明辨是非，纠正落后倾向，将国家法律法规、学校规章制度及传统道德有效传播开来，提高学生对客观事物的认识水平和评价能力，养成良好的行为习惯。要结合各种活动及时开展讨论，表扬先进、批评错误，为正确舆论的树立创设良好氛围；要树立典型，加大宣传，扩大影响，利用学生的从众心理发挥舆论的调节作用，在微信群中聚合正能量，发挥感染力和号召力。

学校教育不是孤立的。教育家苏霍姆林斯基曾形象地把家庭和学校比作两个"教育者"，认为这两者不仅要一致行动，向儿童提出同样的要求，而且要志同道合，抱着一致的信念。家长积极参与教育，对学生的健康成长会起到积极促进的作用。而且，学生使用手机微信主要是在家中，因此，对于微信群聊，家庭的教育监管就显得尤为重要，更应该加强家校沟通，对学生出现的问题进行共商共育。随着学生年龄的增长，光靠简单的禁止治标不治本。要指导家长通过案例帮助孩子正确地认识网络，了解网络带来的利与弊，促使孩子在思想上建立起防线，把更多的时间和精力投入到学习中去。

信息时代，网络成为人们生活中的重要组成部分，我们应该从满足学生的正当需要入手，像大禹治水一样以疏导为主，加强管理，加强指导，制定上网规则，监督上网情况，发现问题及时纠正，让现代信息交流手段为学生的健康成长服务。

疫情防控期间，我们学校借助"云端"平台，一直坚持师生在一起，有针对性地开展教育。如在低年级开展生动活泼的队前教育、队的基本知识培训；中年级开展劳动教育微班会，将线上指导与线下实践相结合，从劳动态度与技能、劳动意识与方法等方面对学生进行指导；高年级围绕"垃圾分类"的话题展开热议，树立垃圾分类意识、学习垃圾分类方法、落实垃圾分类措施；即将毕业的六年级师生一起回顾过去、展望未来，动情地盘点着小学生涯中弥足珍贵的同窗情、师生情、校园情……为了将"云端"教育落到实处，班主任们对每一次师生的"云相聚"都做了充分的准备，从"相聚"的话题到交流指导的角度和方式，从"云相聚"教育效果的反馈到持续跟进与巩固，班主任们通过艰辛努力让"云端"教育"落地生根"。同学们非常喜爱这种网络相聚的方式，不仅积极参与"云端"的线上交流、分享，还认真开展线下的拓展实践，一份份自编小报、一段段劳动视频、一个个垃圾分类行动都是"云相聚"的效果印证。

四

这里主要谈谈文化时尚的引领。

今天的少年儿童生活在与时俱进、日新月异的社会环境中，层出不穷的新生事物对他们有着极强的吸引力，例如影视节目的播出、动漫（卡通）的普及、花样翻新的电子游戏……一些学生过度关注演艺圈，追捧流量明星，甚至把一些恶搞低俗的内容当作趣味，还有人不断在网上打赏，而对国家大事不感兴趣漠不关心，对先进人物时代先锋知之甚少，这些问题都应该引起高度重视。

所谓价值观，是人们区分是非、善恶、美丑等方面的标准并指导行为的心理倾向系统。它不仅是个人人格结构的核心，也是社会文化形态的反映。少年儿童的价值观构建不仅关系到自身的成长发展，还关系到国家的前途命运。如何培育和践行社会主义核心价值观，很重要的一点是给学生创造充满正能量的文化环境。春风化雨，浸润心灵，潜移默化，久久为功，让学生在文化环境的熏陶下培根铸魂，健康成长。

在时尚文化的影响中，影视的作用不可低估。

现代社会，学生思维活跃，思想开放，主体意识强，接受新事物快。影视通过现代科技与艺术表现相结合的方式满足着学生，也满足着学生渴望求知求新的文化需要，我们必须与时俱进，善于运用影视新媒体调动学生的关注点、兴奋点，影响和引导学生接受正能量，传承民族精神。

《平原游击队》《红孩子》《英雄虎胆》《上甘岭》……一部部经典的影视作品，以其独特的魅力成为对少年儿童进行爱党爱国教育的生动教材。在这些经典的影视作品中，有中国共产党可歌可泣的奋斗史，有中国人民英勇抗敌自强的民族史，有各个时期杰出英才艰苦卓绝的创业史，有伟大祖国高歌猛进的发展史……这些承载着红色记忆，诠释着时代精神的影视作品，渗透着价值观，传播着正能量。我们要通过红色影视"荐"出来、红色影视"看"起来、红色影评"写"起来、红色插曲"唱"起来……引导学生认真观看,进行评述,从不同的视角谈感悟,讲启迪,理解红色历程,体会前辈厚望,激发向上热情,接受传统教育,争做党的好孩子。

影视作品的观赏与审美意识的养成密切相关。朱光潜先生认为崇高美、悲剧美是美的基石。历史的进步离不开英雄的奋不顾身、奋斗的承前启后,仅有喜剧美、滑稽美的形式,历史岂不成为轻浮的蒲公英?分析影响当代小学生素质形成的种种因素,其中,"快餐文化""商业文化"造成的"文化缺钙"不容忽视,影视的作用尤为突出。因此,我们要注意给学生"补钙"!

滚滚江流,难免泥沙俱下;大千世界,必定鱼龙混杂。网络中的某些内容,实在令人担忧!特别是当我们的学生面对网络而不善选择的时候,某些网络内容的不良影响就更不能令人忽视。网络内容实际上是一部有声有色的大百科全书,应当以优秀的内容鼓舞人、教育人、引导人,这自然也包括少年儿童在内。

当今社会的物质环境和精神环境对成长中的少年儿童极具诱惑力。商品社会所呈现出来的物欲横流、灯红酒绿的生活使不少学生艳羡不已。作为学校德育工作者,面对这些文化现象,绝不可以漠视,绝不可以无动于衷。既然网络对学生的健康成长影响极大,因此,了解他们喜欢看的内容并加以抉择引导,不但是父母重要的责任,也是教师特别是班主任的责任。首先,要筛选网络内容,要经常做一些调查研究,了解学生喜欢看的网络内容。其次,要指导学生进行甄别,通过主题班队会等形式开展影评活动,给学生表达意见的机会,倾听他们的评价,适时加以引导。

　　培育和弘扬社会主义核心价值观是凝魂聚气、强基固本的基础工程，必须高扬主旋律，传播正能量。博大精深、源远流长的中华优秀传统文化积淀着中华民族的精神追求和丰厚营养，是我们的立足之本，是我们在世界文化激荡中站稳脚跟的根基，是学校德育在拓宽路径、创新载体的过程中须臾不可忘记的！

5 学有楷模　进有方向

——五谈榜样教育

民族精神是在长期的历史进程和积淀中形成的民族意识、民族文化、民族习俗、民族性格、民族信仰、民族宗教、民族价值观念和价值追求等共同特质，是指民族传统文化中维系、协调、指导、推动民族生存和发展的精粹思想，是一个民族生命力、创造力和凝聚力的集中体现，是一个民族赖以生存、共同生活、共同发展的核心和灵魂。

毛泽东早在1938年《论新阶段》的报告中就提出要"以民族精神教育后代"。邓小平在领导改革开放的进程中多次论及爱国主义精神，号召增强中华民族的自尊心、自信心，发扬革命精神。习近平总书记深刻指出："经过几千年的沧桑岁月，把我国56个民族、13亿多人紧紧凝聚在一起的，是我们共同经历的非凡奋斗，是我们共同创造的美好家园，是我们共同培育的民族精神，而贯穿其中的、最重要的是我们共同坚守的理想信念。"

一个民族，没有振奋的精神和高尚的品格，不可能自立于世界民族之林。少年儿童是祖国的未来和民族的希望，只有继承和发扬以爱国主义为核心的民族精神、以改革创新为核心的时代精神，才能铸造凝心聚力的兴国之魂、强国之魄，承担起建设社会主义现代化强国的历史重任，实现民族振兴、人民幸福的目标。民族精神代代传，这是学校德育的重要任务，也是学校德育工作者的使命担当。

热爱民族精神先要理解民族精神，传承民族精神重在践行民族精神。学校德育要按照学生的身心特点、成长规律，从各个方面、各个角度诠释民族精神，传承民族精神，其中榜样教育非常重要。

一

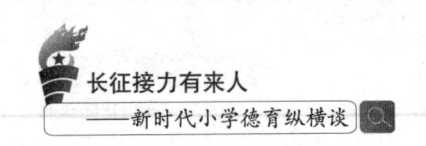

榜样教育具有先进性、激励性、形象性和可学性的显著特征，是学校德育普遍应用的教育方法。少年儿童的心理发展特点决定了榜样教育的特殊地位，他们天真、单纯、好学、积极、向上，富于形象思维，模仿性强，可塑性大，这是榜样教育能对他们产生特殊影响的心理基础。榜样教育以学先锋、树理想、学做人为核心。理想是有结构、有层次的，最低层次是生活理想，最高层次是社会理想。榜样教育就是引导学生将生活理想向道德理想、社会理想方向发展，因为在先锋模范身上，生活、职业、道德、社会理想有着最完美的和谐与统一，是理想人格的榜样模仿最完善的、最形象的、最生动的教材。

中华民族五千多年的发展历史，形成了以爱国主义为核心的民族精神，并且融进了与时俱进、改革创新的时代精神，使得中华民族不仅创造了灿烂的文明，而且生生不息、代代相传。日月相推，沧海桑田，民族精神薪火相传，而且历久弥新，在新长征路上不断丰富和发展。例如，在研制"两弹一星"的过程中，形成了"热爱祖国、无私奉献，自力更生、艰苦奋斗，大力协同、勇于攀登"的"两弹一星"精神；在与洪涝灾害的搏斗中，形成了"万众一心、众志成城，不怕困难、顽强拼搏，坚韧不拔、敢于胜利"的抗洪精神；航天工作者在长期的奋斗中铸就了"特别能吃苦，特别能战斗，特别能攻关，特别能奉献"的航天精神……榜样教育的重要意义就在于引导学生了解中华民族的光辉历史和优良传统，学习光彩照人的英雄楷模，帮助学生树立正确的国家意识、科学意识、创新意识、劳动意识、审美意识，从小学先锋，长大做先锋。

学有楷模　进有方向
——五谈榜样教育

习近平总书记在谈到少年儿童培育和践行社会主义核心价值观时语重心长地说："心有榜样，就是要学习英雄人物、先进人物、美好事物，在学习中养成好的思想品德追求。我国历史上有很多少年英雄的故事，在中国共产党领导人民进行的革命、建设、改革事业中也涌现了大批少年英雄。过去电影《红孩子》《小兵张嘎》《鸡毛信》《英雄小八路》《草原英雄小姐妹》等说的就是一些少年英雄的故事。今天，好儿童、好少年就更多了。""另外，各行各业都有很多值得学习的榜样，包括航天英雄、奥运冠军、大科学家、劳动模范、青年志愿者，还有那些助人为乐、见义勇为、诚实守信、敬业奉献、孝老爱亲的好人，等等。榜样的力量是无穷的。大家要把他们立为心中的标杆，向他们看齐，像他们那样追求美好的思想品德。这就是孔子讲的：'见贤思齐焉，见不贤而内省也。'"

榜样教育要以爱党爱国为核心。"领导我们事业的核心力量是中国共产党"，"天下兴亡，匹夫有责"，面对汹涌而来的世界百年未有之大变局，我们唯有传承民族精神，高扬红色旗帜，才能让学生认清自己跟谁走，向谁学，从哪里来，到哪里去，从而相约中国梦想，凝聚筑梦力量，坚定追梦意志，加快逐梦步伐，最终圆梦成真。

榜样教育要以近现代仁人志士的不朽业绩和人文精神为亮点，涵养品质，传播文明，重仁爱、讲友善，重情义、讲互助，重礼仪、讲孝敬，重诚信、讲承诺，重奉献、讲公益，重群体、讲谦让，重视行为规范，提升综合素质，传承红色基因，赓续红色血脉。

榜样教育要通过天下兴亡、匹夫有责的爱国典范，发愤图强、艰苦卓绝的创业典范，追求真理、坚持信仰的先锋典范，抵御外侮、不屈不挠的志士典范，一往无前、敢于胜利的进取典范，自力更生、自强不息的奋斗典范，团结奋斗、众志成城的拼搏典范，与时俱进、开拓创新的时代典范，助人为乐、公而忘私的奉献典范，勇于探索、敢于攀登的科学典范，尊老爱幼、感恩图报的慈孝典范，真实无妄、一言九鼎的诚信典范，遵纪守法、遵章守则的自律典范，勤学笃行、厚德有为的励志典范等，引领学生从其感人的事迹中领会中华美德，牢记党的教导，从而在历久弥新的五四精神、鲁迅精神，和以伟大建党精神为源头的井冈山精神、苏区精神、长征精神、遵义会议精神、延安精神、抗战精神、红岩精神、大庆精神、红旗渠精神、雷锋精神、抗震救灾精神、"两弹一星"精神、载人航天精神中陶冶情操，培根铸魂。

榜样教育要坚持教育性、民族性、时代性、儿童性，从不同角度揭示榜样的精神内涵，提出学习进步的要求，努力做到主题教育与养成教育相结合、知识普及与社会实践相结合、课程渗透与社团活动相结合，发挥资源优势，形成系统规范。

二

榜样教育要纳入学校德育全过程，贯穿在学校德育的各个环节、各个方面，其中主题教育活动的开展尤为重要。要充分利用清明节、端午节等民族传统节日，"五一""五四""七一""八一""十一"等重要节日，"七七事变""九一八事变""一二·九运动"等重要事件和烈士纪念日，毛泽东等重要人物诞辰纪念日等，举行各种活动，召开主题队（班）会，通过请革命先辈和各行业的英雄模范作报告、讲故事，组织学生祭扫烈士陵园，参观名人故居，观看反映榜样事迹的影视作品，推荐学生阅读相关书籍，诵读革命烈士诗，摘抄警句格言等活动缅怀民族英雄、仁人志士、革命先烈，同时结合校园文化环境建设，充分利用校园广播、电视、校园网、橱窗、板报和文化长廊等宣传阵地，张贴悬挂革命领袖和中华民族杰出人物画像，制作体现榜样精神的语录牌等，营造榜样教育的浓厚氛围。

榜样教育要立德树人，重在实践，充分发挥爱国主义教育基地和各类校外活动场所的作用。各类博物馆、纪念馆、展览馆、烈士陵园、革命遗址、名人故居等存在着丰富的榜样资源，要精心组织面向学生的专题展览、巡回展览、集体参观、志愿讲解、研学考察等社会实践活动，因地制宜，与时俱进，推动榜样教育不断深化。只有充分调动学生的积极性、主动性和创造性，引导学生在寻找榜样、确立榜样、学习榜样的过程中与自己的成长紧密结合，通过对照、体验、感悟、认同榜样精神，才能做到知行统一、身体力行。

榜样教育要突出重点、体现特色，要根据学生不同的年龄段，选择他们最为热爱、最为理解、最为信服的榜样，选择最能体现中华传统美德和红色革命精神的楷模，为学生树立做人的标杆、进步的路标，用感人的事迹、高尚的品德激励他们，以情动人、以事感人、以理服人。

三

历史是由人民书写的，但因仁人志士、英雄楷模而精彩纷呈，他们中有以身殉国的屈原，有正气浩然的文天祥，有收复台湾的郑成功，有奋勇杀敌的邓世昌……从精忠报国的岳飞到抵御外侮的林则徐，从点燃五四火种的李大钊到为人民鞠躬尽瘁的周恩来，从我自横刀向天笑的谭嗣同到俯首甘为孺子牛的鲁迅，从宁死不屈的杨靖宇到勇于牺牲的董存瑞，从抗美援朝烈士黄继光到国际主义战士白求恩，从华侨领袖陈嘉庚到国之骄傲钱学森，从公而忘私的焦裕禄到人民公仆孔繁森，从全心全意为人民服务的张思德到毫不利己专门利人的雷锋，从大庆铁人王进喜到航天英雄杨利伟……中华民族的灿烂历史，中国共产党走过的光辉历程，为榜样教育留下了彪炳千古的典范，为少年儿童树立了灿若星河的楷模。引领学生走过紫禁城的红墙绿瓦、飞檐重阁，寻找悠远意境中的星光灿烂、民族精英，那些曾叱咤风云、令山河变色，甚至影响了历史走向和中国命运的伟人，那些挥洒才华，写人间百态，留下了千古华章的俊杰，那些在平凡中创造着不平凡业绩的先锋，奉献着对祖国的忠诚，书写着时代的辉煌，铸造出不朽的灵魂，为榜样教育提供了丰富的资源。

进行榜样教育首先要认真选好榜样，榜样的选取，既要着眼于历史长河中那些为民族解放、人民幸福抛头颅洒热血、前赴后继、义薄云天的革命先烈、中华英杰，也要注重当代无私奉献、艰苦奋斗、改革创新、与时俱进的科学家、劳动模范、优秀党员；既要推崇中华民族五千年文明史中的杰出典范，也要择取世界历史进程中为人类和平和幸福做出突出贡献的非凡人物。总而言之，要根据教育目的、学生群体的特点，以及学校所拥有的榜样教育资源确定学习的榜样。同时运用多种形式宣传榜样的事迹，使其深入孩子们的心中，让榜样的精神与学生的学习、生活、思想实际相结合，学榜样见行动，学先锋见成效。

榜样的选择要做到远近结合、大小结合，要特别重视传承红色基因、赓续红色血脉教育中的榜样的选择。在长期的革命斗争中，多少先烈坚持正义、追求真理，不怕压制、打击或摧残，始终坚贞不屈，才能在沉闷黑暗的夜空中划出闪电般的光芒，给人以希望和力量。那些爬雪山、过草地、抛头颅、洒热血的人民英雄，那些为了新中国的诞生不怕把敌人牢底坐穿的志士仁人，那些为了今天幸福生活而英勇牺牲的革命先烈，那些为了实现中华民族伟大复兴而无私奉献的时代楷模，向全世界证明了中华民族是不可战胜的。

榜样人物可划分为现实生活中的榜样，历史演变中的榜样和电影电视、文艺作品中的榜样，还可以划分为党和政府所表彰的英雄模范人物和社会公众所宣扬的好人好事。依据榜样人物本身的价值特征，可划分为理想的榜样和一般的榜样。依据榜样人物的年龄层次，可划分为成人榜样和未成年人榜样。未成年人榜样与学生是同龄人，如英勇无畏的王二小、视死如归的刘胡兰、人民利益高于一切的刘文学、草原英雄小姐妹、全面发展的好少年赖宁等，这类榜样更贴近少年儿童生活实际，使他们感到分外亲切，格外感人，心中有标杆，成长有方向。

四

榜样的力量是无穷的。

在"大视野 新长征"教育实践中，同学们来到高高耸立的井冈山革命烈士纪念碑前。主碑的造型是山的形状，远看像一团火焰，寓意井冈山的"星星之火，可以燎原"，近视如林立的钢枪，寓意"枪杆子里面出政

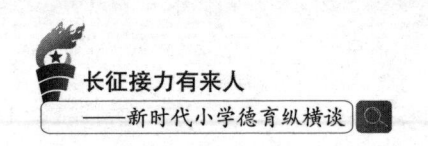

权"。浮雕展示了"朱毛会师""红色割据""浴血罗霄"的生动场面，特别是那尊母亲雕像，母亲和孩子紧紧相拥。母亲代表的是党、怀抱、大地、祖国、人民……孩子代表的是未来、希望、接班人……这尊雕像寓意着井冈山是中国革命的摇篮，引发了同学们无尽的遐想。大家沿着蜿蜒曲折一直向上的路攀升，山环路转，每个人都感到了发自心灵深处的震撼，不禁齐声吟诵起毛主席的诗词："久有凌云志，重上井冈山。千里来寻故地，旧貌变新颜。到处莺歌燕舞，更有潺潺流水，高路入云端。过了黄洋界，险处不须看。风雷动，旌旗奋，是人寰。三十八年过去，弹指一挥间。可上九天揽月，可下五洋捉鳖，谈笑凯歌还。世上无难事，只要肯登攀。"研学考察的队员们来之前都认真阅读过校本教材《长征》，都熟知《朱德的扁担》这篇文章，都听过"红米饭、南瓜汤，挖野菜，也当粮"的歌曲，但集合在红军挑粮小道的路牌前，大家心头还是泛起层层热浪。不忘峥嵘岁月，发扬革命精神，重走挑粮小道，成为研学考察团全体成员一致的信念。大家身着红军军装，高举校旗和团旗，毅然开始了意义非常的跋涉。眼前山峰层峦叠嶂，峪壑幽深，溪流澄碧，林木翁郁，想想以毛泽东为代表的老一辈无产阶级革命家在这条道路上不畏艰难、百折不挠，为着信仰而奉献一切的英雄气概和坚强意志，大家心潮澎湃，脚下生风。那时正是八月伏天，高温酷暑很快就让大家汗流浃背，气喘吁吁。同学们大都生活条件优越，出门连公交都很少坐，家家几乎都有小汽车代步。如今，尽管这条羊肠小道只有区区3公里，然而对于娇生惯养的同学们来说，攀登这段道路却是对自己的重大挑战。很快，大家就拉开了距离，挥汗如雨，气喘如牛。随行的老师和导游给大家讲起了当年红军挑粮上山的故事。据说，一次毛泽东和战士们在黄洋界的一棵荷树下歇脚，毛泽东问："站在荷树下能看多远？"战士们有的说"可以看到江西"，有的说"可以看到湖南"，而毛泽东则意味深长地说，"不仅要看到江西和湖南，还要看到全中国、全世界"。有人说，"这是一条挑粮小道，也是中国革命走向胜利的阳关大道"，"是理想之路、希望之路"。这个故事极大地鼓舞了大家的士气，大家相互关照着走在林间小道上，脚步越来越沉重，静谧中只听见沙沙的脚步声和沉重的呼吸声。路越来越陡，衣服早已湿透，同伴们互相鼓劲、咬牙坚持，"苦不苦，想想长征两万五；累不累，想想红军老前辈！"大家艰难前行，有人吟诵起毛主席的诗词："山下旌旗在望，山头鼓角相闻。敌军围困万千重，我自岿然不动。早已森严壁垒，更加众志成城。黄洋界上炮声隆，报道敌军宵遁。"声音铿锵有力，士气大涨，劲头倍增。"坚持，再坚持……"终于，大家走完了这条小道，尽管大汗淋漓，却都带着胜利的笑容。面对云雾缭绕的井冈群峰，大家思绪万千，重走挑粮小道，缅怀伟人业绩，再忆峥嵘岁月，这里也是一个新的起点……

　　来到陕西延安研学考察的同学们参观了延安革命纪念馆，大家认真倾听讲解，仔细观看文物，重温党的光荣历史；在杨家岭革命旧址，大家听到了很多关于老一辈无产阶级革命家感人的事迹；在枣园，大家面对毛主席发表演讲《为人民服务》的讲台，理解了什么叫为人民服务，也懂得了为什么少先队员敬礼要五指并拢、高举头上的意思，这表示人民的利益高于一切。大家登上巍巍宝塔山，走进南泥湾，还参观了梁家河知青劳动体验基地，听到了习近平等一大批热血青年踏着革命先辈的足迹，继续新长征的事迹，体会到了面对人生的挫折与磨难，只有坚韧不拔才能苦尽甘来的道理。习近平总书记当年在陕北插队时还不满16岁，到农村后真心与群众打成一片，逐渐适应了艰苦的环境，全心全意为人民服务。在梁家河，同学们感受到了红色基因的传承，懂得了从"唱响《长征组歌》 传承长征精神"到"寻访革命圣地 传承长征精神"的内在联系，开始思考在今天，关于长征永远在路上，自己如何像习近平总书记那样，向人民向祖国交出一份合格的答卷。

为了进行榜样教育，学校不但请来革命战争年代的老前辈薪火相传，而且还请来了当代英雄模范言传身教。航天英雄景海鹏的座右铭"学习学习再学习，努力努力再努力，坚持坚持再坚持"帮助很多学生树立起"有理想，去奋斗，不怕困难，坚持不懈"的信念。《长征组歌》曲作者李遇秋、首唱者马子跃登台与同学们一起朗诵毛主席诗词，共同宣誓"做长征精神的传承者"。尤其是"警察爷爷"高宝来的感人事迹生动地诠释了当代长征精神，也让师生们懂得了"人民的利益高于一切"的深刻内涵。

一个人做一件好事不难，难的是一辈子无怨无悔地坚持。北京市公安局海淀分局恩济庄派出所原民警高宝来是一名普通的人民警察，他在平凡的岗位上默默奉献，坚信"爱管'闲事儿'才是好警察"，始终严守"违反纪律的事，再小也不能干"的职业操守，人们信任他、依赖他、敬重他，至今仍旧怀念他。

我们学校的榜样教育和高宝来有着特殊的"缘分"。

2011年，高宝来驻区之初，到我们学校走访，了解到学校紧邻西三环辅路，上下学高峰期交通是个"老大难"问题，每天接送孩子的车辆临时停靠，把道路堵得水泄不通，学生在滚滚车流中穿梭而行，人车混杂，险象环生。第二天一早，高警官就站在了学校门口，穿着警服的他拉开车门，接下学生，然后指挥车辆迅速离开。从此，每逢上学日的清晨，高宝来总会第一个站在校门前，疏导车辆，维护秩序，护送孩子安全入校，风雨无阻。高宝来这一站就是五年，900多个上学日，他累计早起1800多个小时，40多万次拉开车门接送孩子。春夏秋冬，寒来暑往，他没空过一班岗，校门前未发生一起安全事故。病重期间，他还念念不忘道："其实老天爷再给我一年的时间就行，我咬咬牙把退休前这一年的工作做好，画上一个圆满的句号，才不愧对这身警服。"

2015年正月，高宝来确诊肺癌晚期的消息不胫而走，全校师生纷纷前往医院探望，同学们用一幅幅画还原了高宝来在校门口执勤的场景，并深情留言："祝高爷爷早日康复，向高爷爷致敬，我们等您回来……"当时，已接受化疗的高宝来一再请求主治大夫，让他再去学校门前站最后一班岗。高宝来病情严重到说不出话时，在一张纸上写下最后留言："祝福孩子！"2015年5月26日，全校师生集合在校门口，人人神色凝重，个个满怀悲痛，手持白色菊花，等待着"警察爷爷高宝来"最后一次路过学校。

"我要是能像雷锋同志那样，把自己的一生毫无保留地贡献给人民，那将是我最大的荣幸……"高宝来的话语鞭策着全体师生。"一个警察就像一棵树，扎根在哪儿，就要撑起一片天，为百姓遮风挡雨。"高宝来的行为感动着全体师生。"我们都是党的人，做工作必须心中有群众，胸中有大局。"高宝来的操守激励着全体师生。"爱，是可以传递的，只需要一个小小的动作，就可以触动人们心底的那份温暖……警察高爷爷就是这样的人，他把爱传给了我们每一个人。""有人说，人去世后会化作天空的星辰。我想，满天繁星中，您一定是最温暖的那一颗。""我长大后，希望当一名老师，像高爷爷守护我们一样守护孩子，也把高爷爷的故事讲给他们听，让大家永远都不要忘记高爷爷。"这是同学们在榜样教育中的深刻感悟，真善美的种子已经在他们的心田里扎根萌芽，共产党员的光辉形象深入孩子们心中，"人民的利益高于一切"已不是一句响亮的口号，而是化为师生实实在在的行动。

高宝来用生命把闪亮的警徽镶嵌在学生心中，用忠诚把无悔的人生融入鲜红的旗帜。"宝来精神"激励着全校师生砥砺前行，踏上新的征程。

学英雄，见行动；爱英雄，在行动。高宝来患病的消息始终牵动着全校师生的心，大家踊跃捐款，撰写问候信件，绘制祝福书画，制作爱心小礼物，通过各种形式表达对高警官的关心与祝福，用爱心与真情伴随并支持高警官走过最艰难、最痛苦的日子，表达了自己的拳拳心意、点点真情。清明节到来之际，同学们通过网上签名寄语与网下教育实践相结合的方式，慎终追远、缅怀先烈。少先队在校园设立了"学雷锋志愿岗"，志愿旗手无论严寒酷暑担负起每天升降旗的工作；志愿文明岗课间进行校园安全巡视；志愿执勤员每天早晨在校门口彬彬有礼地迎接同学……尤其是开展的"志愿小交警"活动，成为传承宝来精神的有力举措。清晨，志愿小交警们身穿警服，与高宝来岗的警察叔叔们共同执勤，既为同学们提供力所能及的帮助，也通过实际行动宣传志愿服务精神。红领巾志愿者们的身影活跃在校园的各个角落，大家积极开展各种公益活动，激励着更多的同学加入到"学雷锋志愿岗"的队伍中来。

榜样的事迹使学生受到最形象、最生动、最具体的教育，催生出一个个优秀集体，鼓舞着学生自觉地选定人生的楷模、进步的榜样，激发内在动力，点亮了"闪光点"，激发了"兴奋点"，选好了"立足点"，使榜样教育融"知、情、意、行"于一体，实现了经常化、特色化、具体化、规范化、科学化。

6 抱朴含真 惇德秉义
——六谈德育校本教材与课程

学校德育是一个复杂的奠基工程，不但需要寓教育于活动之中，更需要科学规划，系统推进，充分开掘资源，不断创新载体，对学生持之以恒细水长流地实施德育渗透。

学习长征精神，先要了解长征；传承长征精神，先要理解长征。

唱响《长征组歌》，传承长征精神，成为学校德育的系统工程。随着长征精神主题教育活动的不断深入，通过调研，我们越来越感到仅仅通过活动难以让今天的少年儿童全面准确地了解历史上的长征，因此，萌生了编写校本教材和开设校本课程，使长征精神的教育真正走向规范化、系统化的想法，并将其列为学校德育迫在眉睫的一项重要工作。

在国家统编教材中，关于长征的内容是分散的，仅有少量的课文，学生很难对长征、对长征精神产生全面的认识和深刻的理解，教师对长征和长征精神的诠释也深浅不一，改变这种情况需要规范的校本教材和系统的校本课程，形成国家教材与校本教材相互结合、国家课程和校本课程相互补充、课堂教学与主题活动相互融合、系统教育与研学探究相互促进的有利局面。同时，学校在发展特色教育、打造育人品牌的创新实践中也需要校本教材的支持和校本课程的支撑。因此，校本教材、校本课程、校本科研、校本活动相结合的德育创新体系不但十分必要，而且势在必行。

红军长征充分表现了中国共产党人艰苦卓绝的斗争精神，中国工农红军三大主力在极端艰难的情况下，用了两年的时间进行了战略大转移，跨越了福建、江西、广东、广西、湖南、贵州、云南、四川、青海、甘肃、宁夏、陕西、重庆、湖北、河南十几个省，最终到达陕甘苏区和陕北苏区，总行程达2.5万里以上，谱写了人类历史上史无前例的英雄史诗。正如毛泽东同志所说，"长征是宣言书，长征是宣传队，长征是播种机"，"长征是以我们胜利、敌人失败的结果而告结束"。

彪炳中外史册的红军长征，创造了人类军事史上的奇迹，为新中国的建立奠定了坚实的基础。长征，是波澜壮阔的中国革命史长卷上的一笔重彩，是文明古国复兴交响乐中的一曲壮歌！没有坚如磐石的信仰、没有"万水千山只等闲"的大无畏精神，要完成这样的壮举是不可想象的。

抚今追昔，饮水思源，编辑校本教材《长征》，记录当年金戈铁马、气吞万里的红军事迹，褒扬红军革命英雄主义和革命理想主义的长征精神，具有重大的历史意义、文化意义和教育意义，是传承长征精神，开展"大视野 新长征"教育的重要举措。

一

在认真听取专家意见和反复研讨集思广益之后，我们确定了校本教材《长征》的编写宗旨和具体要求，其目的在于使学生对于长征和长征精神基于知、重于行、养于性。通过校本教材《长征》固化学校德育特色，进一步挖掘潜力，发挥优势，优化资源，打造育人品牌。在编写思路上求实创新，明确知识读本的编写定位，倡导自主阅读，服务校本课程，指导活动践行。编写原则是依照教材规律及科学框架结构，注重思想性、知识性、趣味性、儿童性相统一，努力把有意义的道理讲得有意思。在具体实施中规划整体进程，把握整体进度，抓紧分段实施，积极稳妥推动，选好首发时机，广泛推广使用，让长征精神真正深入孩子们心中，落地生根，开花结果。

校本教材《长征》的编写工作得到了学校领导的高度重视和全力支持，领导班子专题研究，取得共识，意义讲透，认识讲够，然后学校立项，专人主抓，组织骨干力量，落实保障措施，成立了专家、领导、教师三位一体的编写小组，明确提出了把校本教材《长征》的编写和使用当作新时代学校德育的重要课题研究过程、德育队伍骨干教师的培训过程、学校德育系统化规范化品牌化的推进过程。

关于长征的历史资料浩如烟海，如何取舍至关重要。我们在编写校本教材《长征》的过程中提出了重在权威，有机整合，科学适用，主线突出的原则。组稿时做到资料广泛收集，信息严格筛选，内容精心编排，严谨求证，主题明确，条理清楚，文字活泼，事例生动。版式设计图文并茂，大气新颖。通过不懈努力，经学校审读、校长审定、三校定稿、严格把关后，我校终于在2013年3月首发推出《长征》，为进一步深化长征精神教育奠定了坚实的基础。

校本教材《长征》以红军长征史实为背景，以《长征组歌》为主线，以历史和现实时空穿插为手段，通过对长征过程的描述和对长征沿途地理人文情况的介绍，通过引人入胜的长征故事、叱咤风云的长征人物、真实丰富的长征文物、精彩生动的《长征组歌》将伟大的长征生动地呈现出来。

校本教材《长征》的内容十分丰富，前有序言，后有说明，不但有毛泽东、邓小平、江泽民、胡锦涛、习近平等对长征的论述，而且还有长征路线图。主要内容分为十讲：第一讲战略转移，第二讲艰苦卓绝，第三讲端正航向，第四讲用兵如神，第五讲前赴后继，第六讲勇往直前，第七讲鱼水情深，第八讲奠基陕北，第九讲敢于胜利，第十讲继往开来。每讲均以《长征组歌》开篇，通过若干板块对长征进行全景式多角度的反映。如，通过每讲的"长征史实"板块将整个长征的过程进行完整的描述；在"长征人物"板块中介绍了毛泽东、周恩来、朱德、彭德怀、刘伯承、徐向前、贺龙、刘志丹、谢子长、徐海东及红军长征的主要领导人；在"长征战役"板块中介绍了黄洋界保卫战、湘江之战、黎平之战、突破乌江、强渡大渡河、包座之战、突破腊子口、直罗镇战役、百丈关战役、山城堡战斗等著名战役；在"长征故事"板块中讲述了闪闪的红星、长征中的红军妈妈、加强纪律性革命无不胜、披着袈裟当红军、彝海结盟、量天尺、七根火柴、一袋干粮、毛主席指挥我们打胜仗、长征中的医院等故事；在"长征地理"板块中介绍了井冈山、湘江、遵义、乌江、金沙江、大渡河、松潘草地、六盘山、陕北、甘孜、延安等革命圣地和地区；在"长征链接"板块中选登了毛主席诗词《西江月·井冈山》《十六字令三首》《忆秦娥·娄山关》《清平乐·六盘山》《水调歌头·重上井冈山》及小说《湘江之战》、贺敬之的长诗《回延安》，介绍了少数民族中的彝族和藏族，还有红军长征纪念碑和陕北信天游。整部教材图文并茂，深入浅出，堪称儿童版的红军长征百科全书，既适合校本课程选用，也可供高年级学生自主阅读。尤其是在每一讲的后面都对学生提出了学习和践行的具体要求，例如"结合阅读革命回忆录，想一想为什么要召开遵义会议？为什么说遵义会议在极端危急的历史关头，挽救了党，挽救了红军，挽救了中国革命？""学唱革命历史歌曲《三大纪律八项注意》，想一想为什么说'步调一致才能得胜利'？""查一查资料，了解太平天国将领石达开在大渡河畔全军覆没的历史，想一想红军为什么没有成为'石达开第二'？""结合阅读革命回忆录，想一想红军为什么能够在极端困难的情况下，做到'风雨侵衣骨更硬，野菜充饥志越坚'的？""想一想，为什么称刘伯承为'军神'？在刘伯承元帅的身上，体现了共产党人的什么精神？""在建设生态文明的过程中，保护湿地特别重要，说说这是为什么？"我们不但要求同学们开动脑筋进行思考，而且还引导大家努力实践，如到国家博物馆参观，并观看电视剧《长征》，了解红军长征的全过程；把强渡大渡河编成故事，配上背景音乐和枪炮声，绘声绘色地讲给大家听；召开"延安颂"主题队会，讲一讲当初无数热血青年奔赴延安，投身革命的事迹，说一说如何继承和发扬延安精神；通过网络等各种渠道了解彝族的有关知识，以民族团结为主题开班队会；英雄少年赖宁是全面发展的好少年，他的家乡石棉县就在大渡河畔，查找有关赖宁的事迹，学习他的精神；在地图上寻找遵义，并走访去过遵义的人，请他们介绍遵义的情况。后来，学校还组织研学小组到井冈山、遵义、延安等地进行了实地考察，有的同学还主动要求家长带自己到红军长征经过的地方旅游观光，实地感受那段光辉历史。很多同学通过校本教材，懂得了"中国共产党是中国革命的领导核心，没有共产党就没有新中国"的道理，坚定了听党话跟党走的决心。

　　毛主席说："长征是历史纪录上的第一次，长征是宣言书，长征是宣传队，长征是播种机。自从盘古开天地，三皇五帝到于今，历史上曾经有过我们这样的长征吗？没有，从来没有的。长征又是宣言书。它向全世界宣告，红军是英雄好汉，帝国主义者和他们的走狗蒋介石等辈则是完全无用的。长征宣告了帝国主义和蒋介石围追堵截的破产。长征又

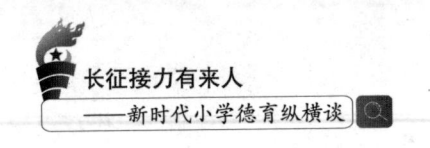

是宣传队。它向十一个省内大约两万万人民宣布，只有红军的道路，才是解放他们的道路。不因此一举，那么广大的民众怎会如此迅速地知道世界上还有红军这样一篇大道理呢？长征又是播种机。它散布了许多种子在十一个省内，发芽、长叶、开花、结果，将来是会有收获的。"

这本教材使师生们认识到伟大的长征留下了伟大的长征精神。这种精神，就是把人民的利益置于高于一切的地位，以坚定的理想和信念，不怕任何艰难险阻，坚持一切从实际出发，即顾全大局、严守纪律、紧密团结的精神。长征精神是中华民族百折不挠、自强不息的民族精神的最高体现，是保证我们从胜利走向胜利的强大精神力量。我们继承和发扬红军长征的光荣传统，就要大力弘扬革命理想高于天的崇高精神，为建设中国特色社会主义凝聚智慧和力量，更好地担当起中华民族复兴的历史重任。

校本教材《长征》忠于史实，注重内涵，成为一部完整记录红军长征、用于校本课程的校本教材，体现了德育创新，固化了教育成果，具有全面性（准确描述史实，与《长征组歌》有机衔接）、儿童性（深入浅出，能够使学生读懂弄清）、实践性（所提建议能够在学校德育、校本课程、班队活动、自主体验中应用）、社会性（得到了社会认可、家长欢迎）。

校本教材《长征》的编写是学校德育规范化实施的突破口，是学校在深入利用和挖掘本校优势和潜能基础上形成的德育成果。以此为突破，进而带动了学校德育整体优化，推动了单一的长征精神教育向"大视野　新长征"综合教育的转化，开创了学校德育的新局面。

• 抱朴含真　惇德秉义 •
——六谈德育校本教材与课程

二

2013年的早春，一个阳光明媚的日子，全校师生集合在一起，缅怀革命先烈，重温伟大的长征精神，举行了隆重的校本教材《长征》的首发式，表达"长征接力有来人"的坚定志向。赵璐玫校长介绍了学校开展长征精神教育及编写《长征》校本教材的情况。《长征组歌》的第一位演唱者马子跃深情地朗诵道："当年，有一支伟大的队伍，走了一条伟大的路——这支队伍叫红军，这条路叫长征。在中国共产党的领导下中国工农红军创造了人间奇迹！当年的火种点燃了星星火炬，星星火炬代代传承。坚定不移跟党走，一片丹心映日红。血染红旗你铺路，继往开来靠后人。伟大的长征在继续，长征精神有传承。准备着，准备着，时刻准备着，在洪亮的《长征组歌》声中，去实现伟大中国的富强之梦！"

音乐家李遇秋在首发式现场回顾了集体创作《长征组歌》的经过，讲述了敬爱的周恩来总理关心支持《长征组歌》的创作，介绍了《长征组歌》词作者肖华将军的事迹，汇报了自己参与创作的真切感受。德育专家、校本教材的编写顾问徐刚老师进一步阐述了长征精神，殷切希望同学们通过校本教材《长征》中翔实的史料、感人的故事、珍贵的图片，深刻感受长征惊天动地、气吞山河的壮举，在震撼中思考，在沉思中追寻，汲取长征迸发出的绵延不绝的精神力量，从而树立"听党话，跟党走，做党的好孩子"的坚定信念。同学们表演了根据校本教材《长征》中的《七根火柴》创编的情景剧。师生一起激情满怀地演唱了《长征组歌》中的《四渡赤水出奇兵》。海淀区教育工委的领导热情洋溢地发表了讲话，对校本教材的编写和长征精神的教育给予了充分肯定和高度评价，并带领大家一起朗诵了毛主席诗词《七律·长征》，首发式在《长征组歌》中的《大会师》合唱声中达到高潮，同学们齐声高呼："时刻准备着！时刻准备着！时刻准备着！"

发扬革命传统，整合教育资源，积极探索在社会主义市场经济条件下实施少年儿童思想道德建设的有效路径和方式，培养他们对党和社会主义祖国的朴素感情，引导少年儿童继承和发扬红军大无畏的奋斗精神、奉献精神和牺牲精神，树立跟党走中国特色社会主义道路的坚定信念，这本教材在"把有意义的事情讲得有意思"方面进行了积极的探索，成为我们深化教育改革、坚持德育创新的重要举措。

三

随着我国基础教育课程改革的深入发展，原先过于集中的国家课程管理体制正在逐渐得到改变，由国家课程、地方课程和学校课程共同构成了有机整体，三级课程拥有共同的培养目标，实现不同的课程价值，承担不同的任务，履行不同的责任，共同为提高学校教育教学质量、促进全体学生全面主动发展服务。

开发丰富多彩的德育校本课程，旨在传承红色基因，赓续红色血脉，培育和践行社会主义核心价值观，达到立德树人、培根铸魂的根本任务。首发式后，我们在用好教材上好课，处理好指导阅读与课堂教学的关系，努力开发校本课程上下了很大功夫，做到了长征精神教育进活动、进社团、进教材、进课堂，最终入脑入心，培根铸魂。

抱朴含真 惇德秉义
——六谈德育校本教材与课程

校本课程的开发成为长征精神教育的重要载体。有了校本教材的支持，有了主题活动的基础，校本课程以教师为主导依据各年级各班自身的特点、条件及可利用和开发的资源，遵循"以班为主、以生为本、因需设课，循序渐进"的原则，生动活泼地开展起来。各种形式的校本课程与时代发展紧密结合，用博大精深的长征精神充实学生的精神家园，将之融注到学生喜闻乐见的诗词、歌舞、故事之中，受到了学生的普遍欢迎。课程形式多种多样，有专题讲座，也有主题活动，还有各种比赛、考察汇报等。配合校本课程的实施，学校还建有各种宣传阵地，从环境建设上营造良好氛围，形成了覆盖面广、类型丰富、形式多样，既有全校统一部署，又有各年级各班充分自主的局面，学校高度重视，教师积极参与，学生主动学习，校本课程的开发无论在深度，还是在广度上都取得了显著的成效。

校本课程实施一个阶段后，我们及时征求学生对教材、教师及教法的意见和建议，根据反馈情况随时调整教学内容，改进教学方式，真正体现了以生为本的课程管理理念。尤其是根据学生的年龄特点，增加了研学探究活动的内容，使校本课程更加符合德育的特点和需求，将课程由课内向课外延伸，逐步形成学校、家庭、社会三结合的模式。同时根据学生的学习态度、参与课程的情况、活动效果等进行客观评价，以激励为主，达标创优，树立典型，使之在全面活跃的基础上实现全面深化。

在德育课程的开发上，学校坚持校区联动、年级发动、班级主动，以"实事求是，大胆改革，科学实施，稳健推进"为原则，加强制度化管理，以点带面进行具体指导，组织、计划、实施、评价各环节相互联结、动态发展，使学校德育系统化、一体化，力求做到科学而有成效。

教师是德育校本课程开发的重要力量，班主任是德育校本课程开发的主力军。校本课程开发的过程是促进教师和学生共同发展的过程。因此，提高教师的课程开发意识与开发能力是校本课程建设的关键。德育深化、课程改革对教师专业能力提出了挑战，同时也提供了机遇。我们高度重视德育队伍建设，充分发挥教师在校本课程建设中的主体作用，鼓励教师发挥专业特长，精心设计和实施校本课程。为了提高教师的专业能力，我们组织有关专家、教科研人员和学校行政管理人员，采用课题研究、案例分析、主题论坛等多种模式对班主任进行培训。一方面进行课程理论的培训，让教师了解德育校本课程的基本原理，明确课程目标、课程内容、课程编制、课程实施、课程评价等，用理论武装头脑。另一方面对教师进行长征精神使命意识的培训，不断拓宽其知识面，强化其德育观念，为课程开发提供政治素质的保证，切实提高教师合作能力，努力打造团结向上、互助共进的教师团队。

学校德育要遵循教育发展规律，走内涵发展之路，追求育人质量，提高工作水平，逐步形成稳定、鲜明的特色。总结我们的经验，实施学校德育贵在按照"三结合"的思路稳步推进，即自主建设与专家引领相结合，整体部署与重点突破相结合，整体规划与分段分域推进相结合。以过程促成果，以深化促育人，不断加大工作力度，逐步建设联动机制，形成全校合力共建的新局面。

课程建设是新时代学校德育创新发展的重要领域，编写校本教材，制定课程规划，开发课程资源，搭建课程体系，开设校本课程，明确课程评价是一个艰难的过程，需要持之以恒，坚持不懈，久久为功。在这方面，我们还有很长的路要走。

7 潜移默化　抱朴含真

——七谈文化自信的早期培育

潜移默化 抱朴含真
——七谈文化自信的早期培育

文化，是国家和民族兴旺发达的重要支撑和基本内容。没有文化发展，便没有国家和民族的兴盛。文化自信是一个国家、一个民族及一个政党对自身所禀赋和拥有的文化价值的充分肯定和积极践行，并对其文化的生命力保持坚定的信心和发展的希望。只有坚定文化自信，才能树立理想，奋发进取，激发活力，砥砺奋进。

我们党已经走过了百年路程，峥嵘岁月，波澜壮阔，筚路蓝缕，始终坚持道路自信、理论自信、制度自信、文化自信。习近平总书记指出："中华文明5000多年绵延不断、经久不衰，在长期演进过程中，形成了中国人看待世界、看待社会、看待人生的独特价值体系、文化内涵和精神品质，这是我们区别于其他国家和民族的根本特征，也铸就了中华民族博采众长的文化自信。""文化自信是更基础、更广泛、更深厚的自信，是一个国家、一个民族发展中最基本、最深沉、最持久的力量。"

文化自信需要从娃娃抓起，夯实基础，修身立行。

中国是一个文化大国，中华文化历史悠久、积淀深厚、博大精深、源远流长，上下五千年、纵横八万里，物质层面的"四大发明"、丝绸之路、浩瀚文物，精神层面的家国情怀、君子人格、魏晋风度、盛唐气象等都给世人留下了难以磨灭的记忆和印象。纵观历史，着眼未来，文化需要不断发展、推陈出新，从文化大国走向文化强国，需要一代又一代的文化积淀、薪火相传与发展创新。在新的时代背景下，要把培育少年儿童文化自信作为头等大事来抓。为此，我们进行了艰难的探索和大胆的尝试。

一

少年儿童的身心特点决定了他们非常注重接受教育的形式和情绪。简单的口号和空洞的说教虽然可以制造教育气氛，却使学校德育流于表面化、简单化、成人化，最终被实际架空，走向形式化。对学生来说，喜闻乐见、生动活泼的文学艺术形式对于丰富他们的生活，陶冶他们的情操，培养他们的爱国主义和集体主义精神，鼓舞他们全面发展、健康成长具有十分重要的促进作用。因此，从传承优秀传统文化、培养学生的文化自信出发，运用文学形式立德树人、培根铸魂，倡导丰富多彩的文学创新实践，是学校德育全面育人的重要途径，是学校德育新时代的重要任务。

儿童诗是从读者对象划分的一种诗歌形式，它或是写给少年儿童看和听，或是由少年儿童自己创作。儿童诗具有一般诗歌的品格，又具有自身的特点，在语言表达上明白而含蓄，单纯而丰富，具有适合少年儿童的音乐美。儿童诗用儿童的口吻抒情叙事，容易引起少年儿童的情感共鸣。儿童诗一般都比较短小，想象力丰富，符合少年儿童的心理特征，对少年儿童的健康成长影响很大，其主要特点是：没有固定格式，主题鲜明突出，语音和谐悦耳，语调流畅上口，内容明白易懂。这种诗可叙事，可抒情，感情充沛，情绪激昂，语言明快，节奏感强，形式自由灵活，音色搭配和谐，深受学生欢迎。

近年来，学校在"大视野　新长征"主题教育过程中开展了丰富多彩的儿童诗创作活动，涌现出一大批优秀的作品，取得了丰硕的成果。

儿童诗要贴近学校、贴近生活、贴近家庭、贴近社会，真切地反映出少年儿童的喜怒哀乐，巧妙地引导他们认知学理，这就要富有儿童情趣，使用他们感到亲切的语言，记录他们感受到的真实事件，抒发他们真挚的情感，反映他们的内心世界，从而激发他们向善向上的热情，形成高昂的情绪，产生强烈的共鸣。通过诗歌的感染力，引导学生学习做人的道理，在潜移默化中接受美的熏陶，激励自己成长进步。如《升旗》中写道："没有笔直闪亮的金属旗杆/只有一根高高的树干/携着一面火红的旗帜/将要升入碧蓝碧蓝的天/大家集合/像一群欢快的小鸟相互呼唤/全体立正/小鸟变成小树/一排排，一片片/国旗在灿烂的阳光中升起/晨风把庄严的国歌远传/一朵白云停了下来/像打开一幅美丽的画卷/红旗的一角飘扬在我们胸前/我们就是那一根根牢固的旗杆/把国旗的骄傲带到四面八方/把国歌的旋律传唱到永远，永远……"

儿童性是儿童诗的灵魂。儿童具有基础性、未来性、发展性的特征；儿童群体是一个不可忽视的重要社会代群。每一个儿童都是能动的、具有发展潜能的、独特的人。他们渴望快乐、期盼和谐，不信，你细细读来："早晨/我走出家门/妈妈给我一个甜甜的微笑/一路上/我带着那个甜甜的微笑/还把它带进教室里/于是/我收到了五十四个甜甜的微笑。"他们对生活充满信心，对家乡充满热爱，哪怕是一个普通的小山村，在诗里读来也是那样让人魂牵梦绕："杨柳举着鸟巢/瓜豆爬满篱笆/漫山跳跃的/是七彩的野花/无忧无虑的小溪/唱着歌从山脊往下跳/把一把把珍珠/到处扬洒/屋前树上鸣蝉/屋后池塘唱蛙/飞来一群洁白的鸽子/落在了新房的顶儿上/带来了金色的晚霞/是谁家的电视声音太高/混在小伙伴的笑声里/惊得一群鸭子'嘎……嘎……嘎……'"

这些诗歌字里行间体现了当代少年儿童思想活跃、视野开阔，知识面广、兴趣广泛，崇尚自然、向善向上的共同特征。他们有快乐，也有负担："童年是快乐的 / 有妈妈爱着 / 有玩具玩着 / 童年是繁重的 / 有做不完的习题逼着 / 有沉沉的书包压着……"他们有追求，也有思考："让漂亮的更漂亮 / 是不是一种附加的肤浅 / 让不干净的变得干净 / 是不是一种无私的奉献？"他们热爱祖国、热爱集体，也关注世界、呼唤和平："小白鸽，小白鸽 / 请你下来听我说 / 把我唱的歌 / 送到阿富汗 / 送给那儿的小朋友 / 我们心都连着心 / 祈祷和平和快乐。"他们是我们中华民族传统文化的继承者，也是世界文化大融合的实践者；他们接受着民族精神的浸润与熏陶，也承受着不良社会文化的毒害，面临着社会新角色的矛盾与冲突，既在积极探索，追求新鲜、刺激、新奇，也反感束缚、训诫、灌输，处处体现着进步性、创新性的主流和生命力的本质，就像在《野白菜》中抒发的那样："它的泥土有多薄 / 只不过风吹来的一点点 / 它的根基有多浅 / 雨水留不住一点点 / 然而它却挺胸抬头 / 在风中顽强地摇摆 / 野白菜 / 难道你不感到孤独 / 难道你不感到悲观 / 野白菜微微点头 / 我不能选择落脚点 / 我却必须选择生命的风采。"

阳光是这些诗歌的共同属性，快乐是这些诗歌的共同标志。对于童年，他们这样理解："记忆是一个青苹果 / 放在童年的摇篮里 / 啃起来，有滋有味……"对于人生，他们这样诠释："铺开最美的纸张 / 蘸上最浓的墨汁 / 运用知识的力量 / 书写爱的诗章！"对于榜样，他们这样选择："花儿朵朵 / 朵朵鲜花汇成了美丽的海洋 / 队鼓咚咚 / 咚咚鼓声汇成了欢乐的巨浪 / 优秀共产党员的出现 / 成为我们学习的光辉榜样 / 鲜艳的旗帜上 / 燃烧的火炬更加炽烈 / 雄壮的歌声里 / 时代的旋律更加响亮 / 他们来自祖国的四面八方 / 他们就在我们每一个人的身旁 / 提起他们 / 我们感到特别亲切/想到他们/我们的心头就涌起热浪/因为从他们的行动中/我们看到了人民的利益高于一切/因为在他们的心灵里/装满了党的期盼和祖国的希望……"对于老师，他们这样希望："老师的微笑就是爱的暖流/老师的微笑就是美的熏陶/老师的微笑就是我们的荣耀/老师，我爱您的微笑！"

儿童诗具有神奇的力量，能让少年儿童的心灵里充满快乐，尤其是当他们自己参与到诗歌创作中来的时候。我们在校园文化建设中，要把繁荣儿童诗的创作提到重要位置上下功夫。将少年儿童领进诗歌的王国，是学校德育以文育人最本分的事情，是提升少年儿童儒雅气质的重要途径。

对此，我们责无旁贷。

二

发动学生参与诗歌创作，涵养出重诗文、养品行的浓郁氛围，需要常抓不懈，久久为功。我们结合课程改革，通过班队活动、社团活动、主题活动、社区活动巧妙地引导学生在认知学理中欣赏和创作儿童诗，鼓励学生使用自己觉得带劲的语言，记录自己觉得真实的事物，抒发自己内心的情感，反映自己的内心世界，从而激发出学生自己创作的热情，形成高昂的情绪，产生强烈的共鸣。通过诗歌的创作，引导学生学习做人的道理，在潜移默化中接受美的熏陶，陶冶美的情操。如《有一首歌》中写道："有一首歌叫'映山红'/最早唱响在满山遍野的杜鹃花里/伴随着工农红军长征的出发/书写了二万五千里的人间奇迹/有一首歌叫'保卫黄河'/最早唱响在延水河畔的山丹丹里/伴随着八路军新四军的浴血奋战/宣告着中华民族的坚韧不屈/有一首歌叫'打过长江去'/最早唱响在炮声隆隆的三大战役里/伴随着解放军大进军的脚步/把红旗插遍祖国辽阔的大地/有一首歌叫'歌唱祖国'/最早唱响在上甘岭的坑道里/伴随着志愿军艰苦卓绝的坚守/高扬着抗美援朝保家卫国的志气/有一首歌叫'我和我的祖国'/唱响在改革开放的春风里/伴随着全国人民新长征的砥砺奋进/展示着中华民族在全世界的巍然屹立！"

儿童诗不同于一般的诗歌。它不但要求要有诗的基本文学特征，还要有儿童诗的独特魅力，这就是语言活泼、富于韵律美，节奏明快、情绪热烈，主题鲜明、表达明确。我们广泛开展儿童诗的创作活动，特别强调抓住重大节日、纪念日、重大事件的教育契机，抓住少年儿童特别关注的热点和焦点问题，让他们做到有感而发，有情可抒。同时，我们通过各种载体给他们创作的儿童诗以展示的天地，网上网下、校内校外、橱窗墙报、校报队报，辟专栏，开广播，上电视，出专题，各班级召开赛诗会、朗诵会、赏析会，做到了班级层层发动，学生个个参与，教师智慧引导，家长热心指导，为校园文化的丰富多彩增添了新的魅力……广泛发动、合力推进的结果是，儿童诗这朵文学奇葩在校园内绚烂开放，一大批小诗人涌现出来，成为校园文化建设的一支生力军。

普及儿童诗，要立足班级，面向全体，注重推广，培养典型。对于少年儿童来说，仅有语文课堂上的那些诗歌营养是不够的，要像提倡每天一杯奶那样普及儿童诗；对于创作儿童诗来说，人人出好作品是不现实的，但人人参与创作、参与展示是必需的。

我们不但发动师生创作儿童诗，而且特别注重诗歌传播的群体行为，往往在升旗式、主题班队会、大型庆典等活动上加以灵活运用，特别注重诗歌教化作用的发挥，对运用的具体形式包括领诵、合诵及配乐、环境气氛的渲染都进行了精心设计，做到因人制宜、因地制宜、因时制宜。诗歌与其他形式相结合，安排在德育活动中，服从于主题的教育需要，取得了很好的效果，如《榜样的力量》《劳动者之歌》等专题诗歌朗诵会，《五月的鲜花》《献给最可爱的人》等主题诗歌朗诵会。此外，还有专门纪念名人或重大历史事件的诗歌朗诵会，如《雷锋之歌》等。师生一起选择思想性、艺术性较强的、易于被学生接受的优秀作品；教师帮助学生认真分析作品，确定朗诵方法，在基本理解作品的基础上，进行反复练习和动作设计等，根据需要配乐或配音响效果，学生互相观摩，取长补短。

三

儿童诗的普及要从童谣抓起。

我们在普及儿童诗的过程中，区分年龄层次，低中年级将创作重心放在了童谣上。

童谣是儿童童年的乳汁，哺育少年儿童快乐成长；童谣是儿童童年的影子，伴随少年儿童天天向上。童谣起源于生活，发展于民间，是一种历史悠久的民族文化现象，属于民俗文化的范畴。童谣具有儿童诗的文学特征和创作要求，只不过更加形象化、口语化和生活化。童谣创作天地广阔，题材丰富，涉及范围极广，凡是少年儿童最喜欢、最关心、最能触动感情的事情，都能通过童谣予以体现。这些事情大到巡天揽月，小到衣食住行，均可涉及。从"小小子，坐门墩，哭着喊着要媳妇儿"到"小汽车，嘀嘀嘀，里面坐着毛主席"，童谣始终与时代为伍，与少年儿童成长为伴。童谣口传心授，不胫而走，伴随着时代变迁与发展不断变换形式，充实内容，可以说，有什么样的时代背景，就有什么样的童谣出现。童谣不但是社会进步的忠实记录者，而且是少年儿童不同历史时期思想道德动态变化的晴雨表。

童谣的思想性、时代性、儿童性、民俗性集中体现在传播载体上，这是它的生命力所在。传统童谣的传唱载体以儿童游戏为主（跳皮筋等），主要形式是口传心授。随着新时代的到来，童谣传播的载体发生了根本性的改变，借助手机和网络等科技手段使其传播得更加迅疾，更加普及。尤其是随着改革开放带来的文化冲突，灰色童谣正在形成对少年儿童身心健康的重大威胁。灰色童谣的传播原因很复杂，如颓废文化的入侵、不良风气的影响、短信微信的传播、儿童心理对新鲜刺激事物的消极追求等都是重要因素，"单纯"的好听、好玩、好传让学生很容易接受其不良影响。灰色童谣内容集中在对社会现象的讽刺、对人生价值的扭曲、对现实社会的不满、对传统文化的反叛上，品位低下，思想颓废，人生态度消极，宣扬吃喝玩乐，追逐感官刺激，危害性极大。灰色童谣引起了我们的高度重视，更加坚定了我们把推广新童谣作为新时代学校德育攻坚战的决心。

面对灰色童谣蔓延的严重局势，我们针锋相对地加强学校德育工作，一个以"大视野　新长征"为主旋律的新童谣创作活动迅速展开。我们的指导思想非常明确，就是通过新童谣歌颂党、歌颂了不起的中国、歌颂了不起的中国人，把深刻的教育主题与学生的学习、生活、成长紧密联系起来，渗透下去。通过艰苦努力，一首首清新、健康的新童谣涌现出来，在发动学生看一看、找一找、想一想、做一做的同时，加入唱一唱的内容和形式，引导学生不断挖掘民族精神的丰富内涵，树立民族自尊心和自豪感，让革命传统发扬光大，让民族精神薪火相传。如学生创作的《习爷爷亲又亲》唱道："习爷爷，亲又亲，全心全意为人民，平易近人暖人心，改革开放要富强。习爷爷，亲又亲，砥砺前行带路人，中国特色要坚持，风清气正万里春。习爷爷，亲又亲，继往开来新长征，走进辉煌新时代，实现美好中国梦。习爷爷，亲又亲，一带一路思路新，人类命运共同体，造福世界心连心。"再如《升国旗》唱道："祖国是妈妈，我们都爱她。早上升国旗，立正站好啦！校服要穿好，领巾胸前挂，表情要严肃，不要乱说话，队礼行标准，国歌声音大。祖国在心中，立志振中华。"《我是旗上一根线》唱道："五颗金星映红旗，迎风飘扬真美丽。我是旗上一根线，永远爱你不分离。"《大视野》唱道："世界大，精彩多，兴趣广泛勤探索。听新闻，看报道，关心时事知因果。细观察，善积累，扩充知识大视野。方块字，是母语，多推敲，勤书写，民族文化我传承，长大才能建功业。"

　　童谣作为民间儿童文学的一种形式，有着自己的文学特征和创作规律，质朴天然，顺口好听，音乐节奏感强，内容涉及广泛。它的文学性、儿童性、社会性使其简洁明快，幽默风趣，流传极广。其中最典型的例子便是《拍手歌》，从古至今，从南到北，不同版本的《拍手歌》都有流传。我们学生创作的《拍手歌》将消防知识融入其中，独具特色，歌词如下："你拍一我拍一，闻到烟味要警惕。你拍二我拍二，捂

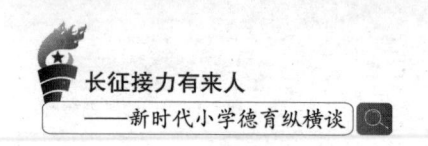

住口鼻靠手绢。你拍三我拍三，陌生环境看指南。你拍四我拍四，窗口逃生把绳系。你拍五我拍五，火源远离易燃物。你拍六我拍六，消防本领要练就。你拍七我拍七，学会使用灭火器。你拍八我拍八，报告火情打电话。你拍九我拍九，火警要打119。你拍十我拍十，火灾地址报翔实。消防知识要记牢，安全防范数第一。"

童谣形式活泼，文体自由，但一定要成双句。最主要的是童谣比一般诗歌更讲究合辙押韵，即隔句的最后一个字一定要收在同一个韵母上。例如《点点歌》："有一点儿，说一点儿，一点儿一点儿又一点儿。父母面前乖一点儿，学校表现好一点儿，对待老师尊敬点儿，对待同学关心点儿，对待长辈礼貌点儿，对待学习细心点儿，对待自己自信点儿，对待困难顽强点儿，对待成绩谦虚点儿，对待花草爱护点儿，对待自己严格点儿，长大才能出息点儿。"韵脚完全押在"an"上。正是由于童谣被引进课堂，带入生活，从儿童的视角、儿童的语言、儿童的情感出发观察世界、体验生活，充满童真和童趣，具有鲜明的思想性、文学性和群众性，才使其成为学校德育在新形势下与课堂教学紧密结合、形成合力的新举措，成为新时代背景下学校文化建设的新拓展领域。

四

成果需要固化，更需要推广。

2019年，在深入开展"大视野　新长征"主题教育的过程中，遵照中共中央办公厅、国务院办公厅关于广泛组织开展"我和我的祖国"群众性主题宣传教育活动的要求，我们从学校师生创作的近千首儿童诗中精选了130首，汇编成诗集《向远方》，献给伟大的祖国。

《向远方》儿童诗集的主旨是高举中国特色社会主义伟大旗帜，夯实文化自信，大力弘扬以爱国主义为核心的民族精神，通过形式多样、内容丰富的诗语生动活泼地讲好中国故事，弘扬中华美德，展示中华人民共和国的光辉历程，突出改革开放以来的丰硕成果，从而激励少年儿童听党话、跟党走，做党的好孩子，用向善向上的实际行动，为实现中华民族伟大复兴的中国梦而不懈奋斗。

儿童诗集《向远方》分为三个部分："为祖国点赞"情真意切地表达了爱党爱国爱北京的真挚感情；"为生活喝彩"情绪饱满地表达了改革开放新生活的幸福感、获得感和责任感；"为成长加油"则朝气蓬勃地表达了当代少年儿童守真从善修美的追求和全面发展、健康快乐的时代风采。这里面有热情歌颂，有研学体验，有潜心思考，有砥砺前行，看身边变化，抒真情实感，讲追梦筑梦，表立志报国，主题鲜明，题裁多样，读来十分感人，体现了阳光的属性，快乐的本质，具有弘道养正、健康向上的共同特征。

学校编选的童谣集按照小学生行为规范来设计，共22项内容，包括爱党爱国、文明有礼、热爱集体、助人为乐、遵规守纪、诚实守信、尊师敬长、团结友爱、珍惜时间、热爱劳动、强健体魄、勤俭节约、讲究卫生、认真听讲、互相帮助、快乐阅读、勤于观察、学以致用、兴趣广泛、慎始敬终、亲近自然、保护环境，并附有《小学生守则》。每一项规范同时又是一个主题，里面包括具体的要求，如"爱党爱国"里有"升国旗""唱国歌"等；在"遵规守纪"里有"入校""放学"等；

在"快乐阅读"里有"爱护书籍"等。如关于"节约用粮"的童谣唱道:"人是铁,饭是钢,一顿不吃饿得慌。吃多少,盛多少,饭菜全都要吃光。一粒米,一滴汗,全是农民辛苦换。粮食本是宝中宝,节约用粮不能忘。"

用童谣集来诠释小学生的行为规范,是个创新,形象而且活泼,无论是给家长看还是给学生读效果都很好,加上图文并茂,图片与内容紧密配合,美观大气,深受欢迎。

五

学校德育的落脚点是文明习惯的养成。

我们学校的班主任团队大胆尝试、努力创新,逐渐摸索出用儿童诗促进养成教育的创新实践,并遵循儿童成长规律,与他们的生活、学习结合起来,循序渐进、持之以恒,将德育教育渗透在学生成长的方方面面,帮助他们扣好人生第一粒扣子。一位班主任在童谣朗诵会上深情地对学生说:"希望同学们通过童谣的诵读,能够珍惜学习时光,求知问学,沿着求真理、悟道理、明事理的方向前进,记住'播种一个行为,你就会收获一个习惯;播种一个习惯,你就会收获一个个性;播种一个个性,你就会收获一个命运'。良好的行为习惯会为你们的将来保驾护航。同学们,我们一起来诵读童谣,快乐学习,增长智慧吧!"

一位同学深情地写道:"倘徉在自己创作的百花诗丛中,我们把姹紫嫣红揽进怀里,那轻盈的脚步,那清脆的笑声,那一切的一切,都因我们的诗而可爱,而快乐,不是吗?诗歌的快乐,沁进小伙伴的心灵里,将党的殷切嘱托,化为浩荡的东风,催动理想的风帆,驶向美好的明天!诗歌的快乐,融进友爱的集体,将你、我、他的手牵在一起,让大家在共同的进步中体会做人的道理、做事的学问,就像给一群志在千里的雏鹰插上翅膀,齐心协力飞向蓝天。"

我们的儿童诗创作活动兴德育人、内容丰富,对少年儿童的全面发展、健康成长起到潜移默化的促进作用。我们的诗集重行为规范,讲道德修养,重国家至上,讲民族精神,生动活泼,主题鲜明,内容丰富,图文并茂,凸显了"祖国发展我成长、我爱北京我爱家"的主旨。同学们将"长征永远在路上"的殷切嘱托化为浩荡的东风,催动理想的风帆,驶向美好的明天。这种诗歌的快乐,渗透着对生命和生活的热爱和憧憬,展现着向善向上的万千气象,伴随着小主人勇敢地前行呐喊。细读这些诗,我们竖起大拇指,给大家点赞;品味这些诗,希望同学们将光荣传统、良好品德化为心花朵朵,深藏心里,让光荣与红领巾同行,让熊熊火炬见证小主人的行动,催化出优异成绩,感谢园丁的辛勤,抚慰亲人的挚爱,回报党和人民的殷切期盼。

快乐的诗歌给金色的童年插上腾飞的翅膀,同学们在欢呼声中振翅起飞……

8 知行合一　实践育人

——八谈研学考察

知行合一　实践育人
——八谈研学考察

研学，即研究性学习，国际上统称探究式学习，是指以学生为中心，在教师和学生共同组成的学习环境中，基于学生原有的概念，让学生主动提出问题、主动探究、主动学习的归纳式学习过程。

研学考察是学校根据德育教育主题、区域特色、学生年龄特点组织同学们将研究性学习和实地亲身体验相结合的教育活动，是通过"励志笃行、知行合一"的理念、方法和模式，将学校教育、社会教育、家庭教育相衔接的实践性学习形式，是在社会与自然环境中拓展视野、转变观念、丰富知识、增长见识、培育和践行社会主义核心价值观，提升创新能力的实践活动。

一

研学考察活动的根本目的在于通过实践体验培育学生的"四个自信"。

"四个自信"即中国特色社会主义道路自信、理论自信、制度自信和文化自信。道路自信是对发展方向和未来命运的自信。坚持道路自信就是要坚定走中国特色社会主义道路，这是实现社会主义现代化的必由之路，是党领导人民从胜利走向胜利的根本保证，也是中华民族走向繁荣富强、中国人民过上幸福生活的根本保证。理论自信是对马克思主义理论，特别是中国特色社会主义理论体系的科学性、真理性的自信。坚持理论自信就是要坚定对共产党执政规律、社会主义建设规律、人类社会发展规律认识的自信，就是要坚定实现中华民族伟大复兴、创造人民美好生活的自信。制度自信是对中国特色社会主义制度具有制度优势性的自信。坚持制度自信就是要相信社会主义制度具有巨大优越性，相信社会主义制度能够推动发展、维护稳定，能够保障人民群众的自由平等权利和人身财产权利。文化自信是对中国特色社会主义文化先进性的自信。坚持文化自信就是要激发党和人民对中华优秀传统文化的历史自豪感，在全社会形成对社会主义核心价值观的普遍共识和价值认同。"四个自信"是一个有机统一体，既相对独立，又相辅相成。

跨入新时代、实现新目标、落实新部署，学校德育责任更加重大，面临的各种挑战更加严峻，必须树立"四个自信"从少年儿童抓起的坚定信念，这是坚持立德树人，完善育人机制，让社会主义核心价值观在学生心中生根发芽的基础工程，必须常抓、抓细、抓实、抓好。面对当今世界百年未有之大变局，我们要更加清醒地认识到人才培养的重要、基础教育的重要、学校德育的重要。少年强则国强。"四个自信"只有从娃娃抓起，补上实践教育的短板，坚持循序渐进，坚持深入浅出，坚持潜移默化，坚持知行合一，才能培养出能够担当民族复兴大任的建设者和接班人。大力倡导并开展研学考察活动，就是要引导学生在社会实践中感受中国道路、中国力量、中国精神、中国魅力；就是要帮助学生养成好思想、好品行、好习惯，扣好人生第一粒扣子；就是要推动构建覆盖学校、家庭、社会德育指导服务体系的重要载体。

早在2008年，我们学校就制定了《德育研学考察活动课程纲要》。在此后的教育实践中不断完善，逐步明确了开展研学考察活动的指导思想，这就是要深入落实习近平中国特色社会主义思想……

《纲要》特别强调通过研学考察培养学生从小树立文化自信。文化自信是中华民族对自身文化价值的充分肯定和积极践行，是实现民族复兴并对本民族文化生命力持有的坚定信心。中华民族有5000多年的文明传承历史，今天的幸福生活，是在我国历史传承、文化传统、经济社会发展的基础上长期发展、渐进改进、内生性演化的结果，只有坚持从历史走向未来，从延续民族文化血脉中开拓前进，我们才能做好今天的事业，夯实明天的根基，才能实现美好的中国梦。

《纲要》提出了研学考察的基本任务，这就是在更基础、更广泛、更深厚的层面上推进动员，引导并组织学生深入了解中华民族的灿烂文化，深入考察历久弥新的民族精神，深入体验中国共产党领导下的改革开放，深入思考少年强则国强的道理，从小培育学生具备奋斗精神、爱国情怀、担当意识、创新思想、公德理念，让奋发进取、天人合一、天下为公、以人为本、居安思危、与人为善、和而不同等中华智慧和品德发扬光大，代代相传。

《纲要》要求研学考察活动突出红色基因的传承。习近平总书记在给陕西照金北梁红军小学学生的回信中说："希望你们多了解中国革命、建设、改革的历史知识，多向英雄模范人物学习，热爱党、热爱祖国、热爱人民，用实际行动把红色基因一代代传下去。……你们说，今天的幸福生活来之不易，这话讲得很好。希望你们怀着一颗感恩的心，珍惜时光，努力学习，将来做对国家、对人民、对社会有用的人。"从井冈山精神、长征精神、延安精神到雷锋精神、大庆精神、两弹一星精神，再到航天精神、奥运精神、抗疫精神，这些富有时代特征、民族特色的宝贵财富，脱胎于中华民族优秀文化传统，同时又在新形势下不断进行着再生再造、凝聚升华，从而为我们在新的历史条件下深化德育奠定了坚实基础。只有引导学生从小对中华民族优秀传统文化和红色革命

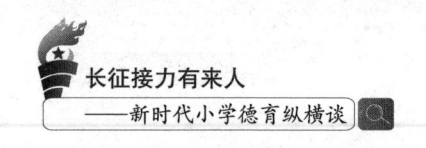

文化进行学习和了解，才能引导学生做到承前启后、继往开来，才能引导学生在创造中国道路、中国模式、中国奇迹的道路上接好班。

《纲要》提出研学考察活动要立足教育创新，重视实践体验。我们的传承与发展来自中国特色社会主义的蓬勃生机和改革开放后取得的举世瞩目的成就。要让学生在亲眼所见、亲耳所闻、亲身所感之中体验到文化的优秀、国家的强大、人民的力量。研学考察就是要促进学生培育和践行社会主义核心价值观，激发学生对党、对国家、对人民的热爱之情；引导学生主动适应社会，促进书本知识和社会实践的深度融合，培养创新人才，推动全面实施素质教育。

《纲要》指出当今学校的教育改革，正处在国内外各种教育思潮碰撞的重要时期。在研学考察活动中既要坚持习近平新时代中国特色社会主义思想、党的教育方针和立德树人的根本任务，又要吸收借鉴国外一切优秀的教育成果和先进的教育理念，还要自觉抵制西方错误思潮的侵袭和误导。在学校德育体制机制重构重建、不断完善的进程中形成自己的鲜明特色，求实创新，践行好新时代的长征精神。

《纲要》强调研学考察活动要与时俱进，因地制宜，精心组织，选择好充分展示中华文化独特魅力的路线和地点，带领学生跨越时空、超越国度、真正领略富有永恒魅力、具有当代价值，既是优秀传统文化又能弘扬时代精神、既立足本国又面向世界的创新成果；要不断提高组织能力和教育水平，完善机制，创新方式，整合资源，动员家长积极参与，争取社会广泛支持，努力做到事半功倍。

《纲要》要求研学考察活动必须遵循"教育为本、安全第一"的原则，必须把安全保障放在十分突出的位置，同时还制定了《研学考察守则》，包括以下内容：

● 坚定研学信念，弘扬长征精神，培育和践行社会主义核心价值观，学知识，长见识，主动探究，学以致用，知行合一。

● 提前查阅资料，明确考察目标，认真参观考察，深入了解体验，动脑动手，验问清楚。

● 自觉维护国家声誉和学校名誉，举止大方，讲究礼仪，尊重当地的风俗习惯，遵守法律法规，做到文明考察，文明行动，文明交流。

● 自律自励，自理自强。服装整洁，自觉遵守公共场所秩序，讲究公共道德，爱护公共设施。

● 维护生态环境，爱惜花草树木，注意勤俭节约，不乱丢垃圾，不乱写乱画，不携带大量现金，不乱花零钱，不购买违法违禁物品。

● 团队协作，互帮互助，按时作息，一切行动听指挥，服从集体安排，按照规定时间与家长联系。

● 提高安全意识，遵守交通规则，注意防火防盗，保管好个人证件和物品，不和陌生人随便接触，不随便接受陌生人的礼物，发现异常情况及时报告老师。

● 讲究个人卫生，饭前便后要洗手，不吃生冷不洁食品，根据天气变化随时增减衣服，有病及时报告老师。

二

经过不断创新实践，我们在推进"大视野 新长征"教育中逐步建立了研学考察活动的课程体系，根据不同学段设立研学重点。低年级以乡土乡情研学考察为主；中年级以国内国学国情研学考察为主；高年级以国内国外相结合，境内境外相结合，践行社会主义核心价值观与一带一路打造人类命运共同体相结合的研学考察为主。立足北京，由近及远，由低到高，循序渐进，科学增进学生对自然和社会的认识，将研学考察作为爱国主义和革命传统教育、国情教育的重要载体，纳入学校日常教育范畴，做到了集中与分散相结合，班队活动与家庭旅游相结合，节日纪念日主题教育与寒暑假自主性研学相结合，示范性研学考察与普遍性研学考察相结合。

研学考察作为教育创新的综合实践活动，不仅继承了儒家传统教育的游学模式，而且突出了体验教育的时代特色，做到了以"研学"为中心，以"考察"为路径，避免"旅游"取代研学或"旅游"冲击研学的错误倾向，受到了广大学生的欢迎。

我们通过对研学考察五大基本要素的把握，在教育实践中形成了丰硕的成果并加以固化，动员师生、家长随时记录自己的发现、感悟，并通过写日记、采访记录、编写短信、拍摄图片、录像等形式记录下来，合作探究、相互交流、团结协作、共同参与，最终完成图文并茂、生动活泼的考察报告。

课程设计

研学考察活动课程以探究式学习为主体，以体验性考察为形式，以实践性活动为途径，以课程性实施为特征，是有目的、有计划、有组织、有评价、有成果的德育活动。

研学考察活动课程的设计要体现对不同阶段的学生在知识与技能、过程与方法、情感态度与价值观等方面的基本要求，体现思想性、时代性、教育性、实践性和儿童性，体现科学的教育理念和先进的教育方法，体现资源的整合和自主能力的提升。研学考察活动课程的设计按照教育主旨和资源类型可分为国情教育、信仰培育、科学普及、体验考察、励志拓展、文化娱乐，突出核心主题，科学设计线路，巧妙规划行程，确定学习目标与督导措施，注重实效。

研学线路

研学考察线路依据教育主题来设计，要能够提供给学生独特的学习体验与真实的学习环境，凸显"研学"的重要性，研学线路中要考察基地与人文自然景点相互搭配，学习与旅行相互结合，做到盎然有趣。所选地点要与主题具有一致性，要考虑不同地区的特色和环境。选择正确的研学考察线路，充分考虑人文历史、革命传统、科技魅力、自然环境，按照删繁就简、紧而不乱、忙而不疲、动静结合、顺畅有序的原则保证研学目的的实现。研学考察线路包括地点、交通、住宿等，从合理、安全的角度进行设定，所选地点要距离合适，行程连贯，保证学生安全。

考察目标

研学考察活动有明确的主题，适合的目标，可以选择自然和文化遗产、名胜古迹、地标城市、重大历史事件发生地、大型公共设施、知名院校、工矿企业、科研机构等作为考察目标，通过实地考察的形式，共同体验，集体活动，相互研讨，通过撰写研学考察日志日记、摄影摄像、制作PPT、征文演讲等形式形成成果并加以评价。

教师指导

研学考察活动以学生为主体、教师为主导，不管形式如何，教师始终是影响研学效果的最直接因素。在以班级或少先队组织形式为主的研学考察中要充分发挥班主任和少先队辅导员的作用，同时也要动员广大家长积极参与进来，以志愿辅导员或考察顾问的形式发挥积极作用，同时，还可以邀请或聘任专家学者或有关方面人士进行指导。

研学考察中的教师（或志愿者）不仅要具有创新的教育思维、强大的掌控能力，还要有深厚的教学素养，在研学过程中结合考察对象设置学习内容，烘托学习主题，保证研学质量。

安全管理

研学考察活动保证安全是前提。无论是学校、班级、合作单位还是广大家长，都应针对研学考察分别制定安全管理制度，构建完善有效的安全防控机制，明确安全管理责任，在活动过程中加以落实。对可能出现的地震、火灾、食品卫生事故、治安事件、设施设备突发故障等各项突发事件要有应急预案，并提前有所演练。对工作人员与学生，要提前进行安全教育，提供研学手册，召开有关会议，进行安全培训。在研学考察过程中教师要严格监督学生服从管理、遵守规则。

成果固化

研学考察活动注重提高学生的自主探究和合作能力，动员师生、家长随时记录自己的发现、感悟，并运用写日记、采访记录、编写短信、拍摄图片、录像等形式记录下来，合作探究，相互交流，团结协作，共同参与，完成图文并茂、生动活泼的考察报告。

学校在适当时候，召开研学考察成果汇报会，同时举办专题图片展览，从不同角度呈现学习成果，使全校师生受到教育，促进研学考察活动的全面活跃、全面深化。

为了深入指导开展研学考察活动，我们相继推出了系列选题供大家选择，这些选题包括：人文考察的"港澳丝路情""民族团结亚克西""寻访文学大师""彩云之南版纳风情""拥抱母亲河""寻访海南探秘航天""互联网+……""感受北京冬奥会的脉搏"等。

三

研学考察活动主要有三种类型：

常规性的研学考察

以立德树人为目的，以新时代、新北京、新发展为主线，以扎根学校、渗透家庭、辐射社会为路径，以学校组织、班队活动、家长带领、节假日利用为形式，以参观考察、实地体验、动手动脑、团队交流为着力点，以首都发展新格局、迎接冬奥会为契机，感受祖国大好河山，感受中华优秀传统文化，感受红色革命历史，感受改革开放伟大成就，学会动手动脑，学会生存生活，学会做人做事，达到促进身心健康、体魄

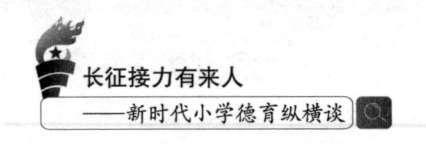

强健、意志坚强的目的。

　　同学们生活在北京，成长在北京，要了解北京、热爱北京。中央批准了北京建设发展新规划，首都的少年儿童，必须胸怀祖国，放眼世界，了解新北京、新发展、新未来，了解首都发展蓝图，把自身对美好生活的向往与好好学习、奋发进取统一起来，做新时代首都小主人。

　　北京有着悠久的历史、优秀的文化、光荣的传统、重要的地位。在新长征中，北京进一步明确城市战略定位，坚持和强化首都全国政治中心、文化中心、国际交往中心、科技创新中心的核心功能，深入实施人文北京、科技北京、绿色北京战略，努力建设成为国际一流的和谐宜居之都。北京地域内丰厚的人文资源所蕴含的精神力量，辐射于社会发展各个方面。积极组织学生开展各种形式的研学考察活动，从建设新时代新北京的生动实践中认识和理解建设中国特色社会主义的深远内涵，拥护改革开放，筑牢精神之基，陶冶情操，启迪心智，这类的研学考察通过发布小课题、小调研、小论文的形式进行，成果展示可以由个人、小队（小课题组）、班级、家庭等采取朗读考察日记、现场访谈、小导游、图片解读等多种形式呈现。研学考察的课题十分广泛，包括：庄严时刻——天安门广场升旗仪式的改革；未来的都与城——规划中的新北京；天人合一——走进世界文化遗产天坛；坐上高铁去旅行——北京南站的故事；溺爱不是爱——教子胡同的启示；寻找小妞子——老舍笔下的金鱼池；长征接力有来人——我在人民大会堂唱《长征组歌》；一团火精神光耀神州——在张秉贵爷爷塑像前；凤凰展翅——北京大兴国际机场；风景这边独好——碧水蓝天是北京等。

示范性研学考察

以弘扬长征精神为目的,以长征出发点、长征转折点、长征落脚点为基点,以实地考察、亲身体验、参观访谈为路径,以学校组织、家长参与、从优选拔、集中培训为形式,以革命圣地、烈士陵园、博物馆展览馆为着力点,考察长征历程,感受长征精神。

2016年暑假期间,学校组织了"寻访革命圣地 传承长征精神"研学考察活动。根据校本教材《长征》的相关内容,结合长征史实中的重大事件,依据学生的特点与需求,找准出发点,瞄准成长点,突破结合点,针对研学地点设计线路,确定具体日程,突出了教育的重点与热点,取得了较好的教育实效。在具体形式上,结合校本教材的知识点进行实地考察,通过集体参观、相互交流、现场探访等团队活动和摄影、摄像、绘画、日记、专题作文、研学报告等形式引导学生细读校本教材,提出研学目标,围绕团队课题,在实地考察中捕捉有意义的情境进行了实地拓展性学习。

学生在教师和家长志愿者的指导下,通过想一想、访一访、学一学、说一说、写一写、唱一唱、找一找、画一画、做一做等形式参加研学考察活动,人人有收获,个个有进步。参加研学考察的教师以高度负责的态度对同学们进行了科学指导和热忱服务,家长志愿者热心参与、支持研学、参与践行,鼓舞同学们在实践中认知,在体验中感悟,激发学生自我要求、积极探究、不断充实,做到以知导行,以行化知,知行统一,化文其中,确保了研学考察活动的成功。

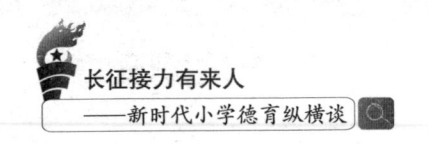

● 江西瑞金——井冈山地区的研学考察

井冈山是中国革命的摇篮，是伟大的长征的起点。通过研学考察活动了解井冈山革命根据地建立的过程、取得的胜利及老一辈革命家建立的丰功伟绩和革命先烈英勇斗争的奉献精神，弄清第五次反"围剿"失败和长征开始的原因，思考毛主席提出的"星星之火可以燎原"的深刻含义。同学们集合在红军挑粮小道的路牌前，重温《朱德的扁担》，冒酷暑再走挑粮小道。大家身着红军军装，高举校旗和团旗，开始了意义非凡的跋涉。虽然高温酷暑让大家汗流浃背，挥汗如雨，但大家互相鼓劲、咬牙坚持，终于胜利到达终点。

● 贵州遵义的研学考察

遵义会议是中国革命由被动转向主动，确立正确路线指引方向的伟大转折点。在革命的危急关头，毛泽东等人在遵义会议上力挽狂澜，否定了错误的军事路线，从此毛泽东的正确思想在红军和党中央占据主导地位。同学们通过了解遵义会议召开的过程及其被称为伟大转折点的重要意义，从血战湘江、四渡赤水等长征史实中认识错误路线造成的危害及确立毛泽东正确路线之后"革命磅礴向前进"的道理，从而思考坚持"坚定正确的政治方向"的深刻含义，从小确立正确的政治信仰和道路自信。

在红军山烈士陵园，同学们面对邓小平题词"红军烈士永垂不朽"和青松翠柏间掩映着的"红军坟"，听导游讲红军卫生员的感人故事，缅怀红军先烈的英雄事迹，大家更加领会了胸前佩戴的红领巾是红旗一角的特殊含义，更加感受到长征精神的宝贵，更加坚定了做党的好孩子的决心。

● 陕西延安的研学考察

　　陕北是各路红军长征的落脚点，延安是中国革命圣地、新中国的摇篮。1935年10月，中央红军胜利到达陕北，把全国革命大本营放在延安。同学们在延安了解了红军长征的全过程及会师陕北的重大意义，弄清楚了为什么陕甘革命根据地既是红军长征的落脚点，又是进行全民族抗战的出发点，是中国革命的摇篮，思考着习近平总书记所说的"长征永远在路上"的深刻含义。在梁家河知青劳动体验基地，同学们召开现场座谈会，大家纷纷发言，谈理解、讲体会，听取了习近平总书记当年踏着革命先辈足迹，来到梁家河村插队落户，经受锻炼的故事，尤其是习近平总书记自觉磨炼意志品质和思想情操，勇闯跳蚤关、饮食关、生活关、劳动关、思想关，和乡亲们打成一片、融为一体的过程，这让大家更加深刻地认识到了习近平总书记为什么深情地说："陕北高原是我的根，因为这里培养出了我不变的信念：要为人民做实事！"也懂得了从"唱响《长征组歌》 传承长征精神"到"寻访革命圣地 传承长征精神"的内在联系，开始思考长征永远在路上的今天，自己如何像习近平总书记那样，向人民、向祖国交出一份合格的成长答卷。

拓展性研学考察

　　以增强"四个自信"为目的，以"新时代、新长征"为主线，以儒家文化发祥地、一带一路新节点、国外参演与考察为基点，以广泛宣传、集中选拔、家校联手、学演结合为形式，以山东、内蒙古等为着力点，扩大知识视野，感受改革开放成果，增强文化自信，弘扬民族精神。

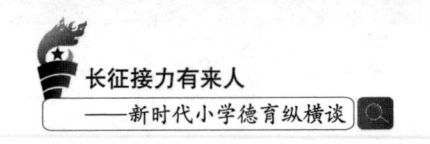

● 品味齐风鲁韵　感受中华文化

山东省历史悠久，山川秀丽，物产丰富，人杰地灵，既是博大精深的中华文化发源地之一，又是具有光荣革命传统的红色沃土，还是当今中国最具综合竞争力的省区之一。

同学们围绕一山（泰山）一水（黄河）一圣人（孔子）展开研学考察，通过品味齐风鲁韵，感受祖国的壮美河山、改革开放成就；了解中华文化的源远流长、博大精深。大家登泰山看日出，一览众山小；看九曲黄河入东海，在黄河边上唱《保卫黄河》；来到孔子家乡说儒家，在孔府、孔庙、孔林朗读《论语》……对博大精深的儒家文化有了切身的感受。

● 走进呼伦贝尔　感受民族风情

内蒙古自治区是我国成立最早的自治区，被周恩来总理誉为"模范自治区"，形成了以蒙古族为主体，以汉族为多数的人口结构，是中国经济发展较快的省市区之一。呼伦贝尔是一片神奇的土地，拥有肥沃的农田、辽阔的草原、茂密的森林、繁华的边城，是"一带一路"的重要节点。

同学们通过对大兴安岭林区、鄂温克草原、边境城市满洲里的研学考察，走访林海深处的鄂温克，考察我国唯一猎民乡的巨大变化；聆听蒙古族的祝酒歌，和大草原亲切约会；站在国门说变化，了解了民族风情，感受了生态文明，理解了"一带一路"，体会到了打造人类命运共同体的重要意义，确立了生态文明理念和民族大团结的观念。

●走进美丽英国　感受魅力欧洲

英国位于欧洲大陆西北，是由英格兰、威尔士、苏格兰和爱尔兰岛东北部的北爱尔兰及一系列附属岛屿共同组成的一个西欧岛国，历史悠久，文化积淀深厚，是世界上第一个完成工业革命的国家，是在世界范围内拥有巨大影响力的现代化大国，还是联合国安全理事会常任理事国之一。

同学们通过对伦敦——爱丁堡——曼彻斯特的研学考察，来到曾经号称雾都的伦敦看碧水蓝天，观察英国的生态维护；走进大英博物馆，寻找马克思当年读书的座位；领略剑桥大学的魅力——重读徐志摩的《再别康桥》；参加爱丁堡青年乐团国际艺术节汇报表演，陶冶自己的艺术情操。通过这次研学考察，同学们拓宽了国际视野，更深刻地理解了国家通过"一带一路"战略打造人类命运共同体的意义。

四

在系统推进"大视野　新长征"教育的过程中，学校不但广泛开展了多种形式的研学考察活动，并在此基础上，认真总结经验，召开研学考察成果汇报会，展示成果，总结经验，推广模式，扩大影响，促进了"大视野　新长征"教育的整体推进。

丰富多彩的研学考察活动使师生抚今追昔，饮水思源，真正体会到了红军长征的艰苦卓绝，革命前辈的丰功伟绩，长征精神的弥足珍贵。

一处处革命圣地，犹如一处处红色大讲堂，让同学们学到了很多、懂得了很多；一座座烈士丰碑，让同学们理解了很多，珍惜了很多；一次次实地考察，让同学们坚强了很多，团结了很多……大家从各自不同的角度，讲长征，谈收获，表决心，促成长，让感受长征精神，游历大好河山，感知美丽中国，化为好好学习、天天向上的强大动力。实践证明，研学考察活动是生动的创新教育实践，内涵丰富，令人刻骨铭心。概括起来就是：研学考察活动实现了学校素质教育的新拓展，开启了家校合育的新模式，提供了学校教育创新的新载体，推动了学校教育资源的新整合。

研学考察活动既是学校深化长征精神教育的新举措，也是学校立德树人、创新教育的新成果，更是学校教育创新的新拓展。研学考察活动的实践告诉我们，学知识只有与长见识相结合，才能促进学生全面发展、健康成长；课堂教育只有与社会实践相结合，才能将红色基因继承下来，传承下去。

寓教育于活动之中，是学校德育的基本途径。落实立德树人的根本任务，就要努力把有意义的道理讲得有意思，把有意义的活动做得有意思，研学考察活动只有找准出发点，瞄准成长点，突破结合点，才能取得较好的教育实效。

学校开展研学考察活动必须吸收家长参加，取得家长支持。实践证明，家长作为学校教育最宝贵的资源，参与到研学考察中来不但是必要的，而且发挥了不可替代的重要作用。一位参加了延安地区研学考察的家长志愿者说："我们以志愿者和家长的双重身份参加研学考察活动，和老师、孩子一起踏上红色之旅，充满了新奇和向往，一路走来，我们逐渐对家校合育有了更深的理解和认识，对学校和老师有了更深入的了解和理解，对学校和老师更加信任，对孩子在学校的教育和成长更加充满信心，用一句话来概括，那就是凝聚合力，家校合育，处处有感动，处处有收获。"

学校领导班子把"大视野　新长征"研学考察活动作为新时代背景下落实习近平总书记"长征永远在路上"重要思想的务实举措，使其成为学校德育目标"不忘初心、不断创新、不断奋进"的具体体现，实现了科学整合教育资源，充分使用背景资源，巧妙利用地域资源，努力开发社会资源，有机整合信息资源，调动挖掘家长资源，齐抓共管，合力推进，培养了学生创新精神和创新能力，使学校德育做到深化、转化、实化。

专家学者认为我们的研学考察活动与时俱进，因地制宜，精心组织，勇于带领学生跨越时空、超越国度，真正领略富有永恒魅力、具有当代价值，既感受传统优秀文化又大力弘扬时代精神，既立足本国又面向世界的创新之举，实现了学校德育的新突破，为立德树人注入了强大的动力和活力。

研学考察贵在长期坚持，利在实践育人，厚积才能薄发，博学才能练达，我们的基本经验是：

1. 充分发挥了示范引领作用，推动了学校德育工作的知行合一与课程改革的融会贯通，体现了"寓教育于活动之中"的教育性、公益性、普惠性，实施了实践育人，立德树人，实现了普遍性、适用性、针对性的有机融合，更好地促进了学生的全面发展、健康成长。

2. 研学考察活动主题鲜明，适应新时代需求，遵循少年儿童成长规

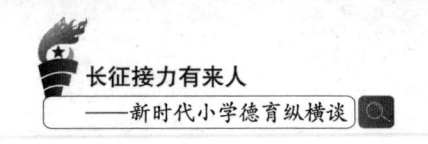

律，潜移默化、润物无声地传播了正能量，将党和人民对少年儿童的殷切希望和成长要求转化为情境体验和自觉践行，教育引导广大少年儿童听党的话、跟党走，积极培育和践行社会主义核心价值观，在体验中提高对"长征永远在路上"的思想认识，锻炼能力本领，培养良好素质。

3. 研学考察活动内容丰富，紧密结合"大视野 新长征"教育的系列要求，符合少年儿童的身心特征和成长需要，寓教于思，寓教于行，寓教于乐，发挥了少先队组织特色，完成了立德树人的根本任务，培养了少年儿童对中国特色社会主义的荣誉感、责任感和使命感。

4. 研学考察活动精心设计，精心组织，精心实施，做到了主题鲜明、内容鲜活、形式新颖、吸引力强、辐射作用好。通过集体活动、实地考察、实践体验等形式，完善和提高了学生的认知能力、情绪调节能力、人际沟通能力、团队合作能力及坚韧不拔的意志力。

5. 研学考察活动组织规范，把安全置于第一位。对安全管理高度重视，风险防控细致到位，做到了制定安全预案、落实安全责任、做好安全检查、排除安全隐患、配齐配强工作人员和辅导力量，赢得了家长信任，确保了活动实施。

6. 研学考察活动整合教育资源，动员和组织家长积极参与，形成教育合力。对考察地点反复论证，选取与教育主题最为贴切、最为便利、最为有效的教育基地开展活动，聘请热爱教育、热心公益、具有丰富知识储备和实践经验的人士进行指导，最大限度地争取社会方方面面的理解与支持。

9 弘道养正　潜心育人

—— 九谈加强德育队伍建设

要做好学校德育工作，必须拥有一支高素质的教师队伍。

一

师德建设是教师队伍建设的重中之重。

职业活动是人们的基本社会活动，职业道德是从事一定职业的人们，在其特定的工作中或者劳动中的行为规范的总和。其基本特征是：在范围上，它同人们的职业活动相联系，在从事一定职业的成人的范围内体现出来，是道德意识和道德行为的成熟阶段；在内涵上，它与各种职业要求和职业生活相结合，具有较强的稳定性和连续性，往往表现为世代相传的职业传统，使人形成比较稳定的职业心理和职业习惯，甚至会影响整个家庭乃至社会的道德风貌；在形式上，比较具体多样，有较大的适用性。各种职业从本身要求和人们的接受能力出发，采取简明适用的形式，如规章制度、工作守则、生活公约、劳动章程、行动须知等对职业道德加以明确。

人民教师的职业道德是指导和调整教师行为的准则，是教师在教育、教学实践中解决有关矛盾冲突而做出道德选择的精神支柱。《中小学教师职业道德规范》从爱国守法、爱岗敬业、关爱学生、教书育人、为人师表、终身学习等方面对教师的职业道德提出了原则要求，成为教师教书育人的根本遵循。

加里宁说："教师是人类灵魂的工程师。"教师以竭诚服务学生全面发展、健康成长作为全部工作的出发点和落脚点，以立德树人、培根铸魂为职业最高价值尺度，教师职业的政治性、传授性、创造性、科学性、服务性、表率性和合作性的特点决定了其必须成为学生人生追求的引领者、实践体验的组织者、健康成长的服务者、合法权益的维护者、良好氛围的营造者。

热爱祖国、献身教育是教师职业道德的基本要求。热爱祖国，是全国人民共同遵守的道德规范。教师要把学生培养成热爱祖国、热爱党、热爱社会主义的接班人，自己首先必须具备这样的道德情感。只有满怀强烈的爱国激情，教师才能真正热爱和献身教育事业，为祖国培养出合格人才。任何一种职业道德都首先要求热爱本职工作，忠于职守。教师热爱本职工作，才能自觉地担负起教书育人的崇高职责。献身教育要有高度的责任感、强烈的事业心。事业心是一种坚定的理想信念，即对自己所从事的事业有着不懈的追求和坚定的信心，不为其他因素所动。高度的责任感和强烈的事业心是教师献身教育事业必须具备的两个主观条件。

遵循规律、立德树人是教师职业道德的基本职责。教育的根本任务是立德树人，培养中国特色社会主义事业所需要的合格预备队，因此，"教书"与"育人"不可分割。学校培养的学生质量如何，关系到祖国的命运、民族的兴衰，这就要求教师必须更加自觉地为党为国家担负起教育下一代的责任。因此，立德树人是教师社会价值的真正体现。

勤奋学习、德才兼备是教师职业道德的基本内容。教师的业务水平和能力的高低，是教师职业道德规范的具体体现。一名教师如果不能熟练地把专业知识教给学生，就丧失了起码的师德，也不可能得到学生的尊敬。勤奋学习不仅要掌握现代科学文化知识，而且要陶冶思想情操，培养道德品质，磨炼意志，修养性格，形成勇于开拓、敢于创新、严谨科学、实事求是的优良作风。勤奋学习的目的是达到熟练掌握从事工作的基本理论和技能，真正做到既知其然，又知其所以然。为了适应现代教育科学突飞猛进的发展趋势，教师必须具备不断更新知识的理念和能力，及时地用新知识和新技能武装自己，更重要的是具备坚定的理想信念，自觉地学习中国特色社会主义理论，学习党的方针、路线和政策，践行社会主义核心价值观，把自己所从事的工作与实现两个一百年的奋斗目标、实现中华民族的伟大复兴紧密联系起来。只有这样，教师才能成为学生效仿的楷模和典范，才能不忘初心，牢记使命，勇于担当，砥砺奋进。

热爱学生、诲人不倦是教师职业道德的基本情操。教育是爱的事业，爱是教育的前提。教师的工作既平凡又不平凡，应当对于自己的岗位无比热爱，忠诚党的教育事业。霍懋征老师说："没有爱心就没有教育。"热爱学生是教师做好工作的前提，教师对待学生的态度及如何处理好师生关系，是教师道德的基本反映。热爱学生是教师在履行培养职责时所产生的崇高的道德情感，这种爱是纯正无私的，是有原则的。作为教师，首先要成为一个充满爱心的人，把追求理想、塑造心灵、传承知识当成人生的最大追求，要关爱每一名学生，关心每一名学生的成长进步，努力成为学生的良师益友，成为学生健康成长的指导者和引路人。面对学生这个朝气蓬勃的生命群体，教师必须坚持以学生为本，尊重学生、关爱学生、服务学生，相信每个学生都蕴含着无限的潜能，不断变换"爱的视角"，寻找每个学生的长处，因势利导，塑造学生大爱、和谐的心灵，让每个学生成为善的使者，爱的化身，正的表率。

和合共进、团结协作是教师职业道德的基本准则。学校是有组织的集体,教师要处理好同学校的关系,就必须关心集体,具有团队精神。热爱学校,关心集体是社会主义核心价值观在教师道德中的具体化。马卡连柯说:"假如一个学校里有这样的教师集体,在这样集体中的每个教师看来,全校的成功占第一位,而他班上的成功占第二位,至于教师个人的成功只放在第三位,那么在这样的集体里才会有真正的教育工作。"办好一所学校,带好一个班乃至上好一门课都需要许多教师共同努力,这就要求每个教师既要充分发挥自己的主动性、积极性和创造性,又要做到互相尊重、互相学习,杜绝"文人相轻"的陋习。国家、学校和教师三者的根本利益是一致的。教师应该以主人翁的态度和责任感关心学校整体工作,对学校德育更要高度重视、认真对待,为形成学校优良校风、学风、教风做出贡献,尽责尽力。处理好教师与家长的关系,是搞好教育教学工作的重要条件。教师要通过各种形式与家长建立密切联系,取得他们的理解、支持与合作。教师要尊重家长,指导家长改进教育方法。总之,教师不但要与人为善,而且要善与人处,正确估价个人的作用,处理好各种人际关系。

以身作则、为人师表是教师职业道德的基本特征。各种职业道德的特征是由各种职业的不同社会职责、不同工作对象和不同工作手段所决定的。教育是心灵与心灵的沟通,灵魂与灵魂的交融,人格与人格的对话。教师的榜样作用对于学生的成长是任何人都无法替代的。好的教师是学生最信任的人,最愿意追随并模仿的人。唯有教师人格高尚,才可能有学生心灵的纯洁。教书者必先强己,育人者必先律己。教师不仅要教书,更要育人;不仅要注重言传,更要注重身教。教师只有自觉加强师德修养，坚持以德立身、自尊自律，以自己高尚的情操和良好的道德风范教育和感染学生，以自身的人格魅力和卓有成效的工作成果才能赢得学生的热爱、家长的信赖和社会的尊重。

百年大计，教育为本；教育大计，教师为本。如果说教育是国家发展的基石，教师就是基石的奠基者。夸美纽斯说："教师是太阳底下最光辉的职业。"门捷列夫也说："教育是人类最崇高、最神圣的事业，上帝也要低下至尊的头，向她致敬！"无论一个人的地位有多高、贡献有多大，都离不开教师的教育，他的成长都凝结了教师的心血，在教师面前永远是学生。长期以来，广大教师不忘初心，牢记使命，兢兢业业，默默耕耘，不计名利，甘为人梯，这种"成功不必在我、奋斗当以身先"的精神，是师德的集中体现和崇高境界。

思想支配行动，认识决定实践。教师的表率作用对学生具有强烈的感染力和引导力。教师的行为、道德要与社会公德相符甚或高于社会公德，教师的教育理念和知识结构要先进和科学，由此形成的个人魅力才能对学生产生正能量的影响，才能在学生面前建立起真正的威信，使教育富有实效。

一直以来，我们海淀区实验小学高度重视师德建设，注重高位引领与底线要求相结合，提要求、学规范、重培训、严考核、树典型，引领全体教师以德立身、以德立学、以德施教、以德育德，形成了优良的师风、校风、学风，成为首都一所学生热爱、家长信赖、社会满意的现代化创新型学校。

二

静下心来教书，潜下心来育人，这是教师必须具备的职业心态。静下心来就是内心平和，潜下心来就是用心专注。

社会变了，教育观念、教育方式也应随之而变。从国内外的基础教育比较来看，我们培养的学生往往书本知识掌握得很好，但是实践能力和创新精神比较缺乏，这应该引起我们深入的思考。应该说，我们一直在强调素质教育，但是为什么成效不够明显？问题的关键是教师必须树立先进的教育理念，敢于冲破传统观念的束缚，在教学内容、教育方法、评价方式等方面进行大胆探索和改革。我们需要大批有理想有抱负有真知灼见的教师，不仅要教会学生书本上的东西，还要教会学生书本以外的知识；不仅要讲清楚做人的道理，还要把学、思、知、行这四个字结合起来，做到学思的联系、知行的统一，使学生不仅学到知识，还要学会动手，学会动脑，学会做事，学会做人。

当今时代知识更新换代的周期越来越短，每个人都需要不断学习才能适应工作要求。教师是知识的传播者和创造者，更要不断地用新的知识补充和充实自己。要想给学生一杯水，自己必须先有一桶水。教师只有学而不厌，才能做到诲人不倦。教师要崇尚科学精神，严谨笃学，做热爱学习、善于学习和重视学习的楷模。教师只有如饥似渴地学习新知识、新科学、新技能，不断提高教书育人的本领，将最先进的方法、最科学的理念、最宝贵的知识传授给学生，才能无愧于人民教师的光荣称号。

知识和能力，这是教师做好本职工作的必备条件。

知识是连接教师和学生的重要纽带。教师要在教育过程中充分发挥作用，应当具有较为完善的知识结构，精通一门或几门专业知识，掌握丰富而牢固的基础知识及广泛的文化知识。教师对学生产生的影响，绝不限于某个专门学科，其影响是全面的，能够渗入学生的头脑和行动中去。此外，教师还要掌握教育学和心理学方面的知识，了解学生身心发展规律，不仅是从基本概念和原理上去理解，而且要从教育理论的具体运用和有效实施上去理解。教师只有通过实践才能真正理解和运用教育理论，减少盲目性，提高教育质量。

教师必须具有稳定、细腻、丰富的情感，并以之引导、感染并强化学生的认知，才能培养学生健康的个性。教师工作的对象是成长中的少年儿童，因此必须调节自己来不断适应学生接受教育的需要。教师不仅要有一桶水，而且要有一桶不断更新的水、不断得到补充的水。准确地说，教师的知识结构应该是一股永远涌动的清泉，推动着自己与时俱进，不断注入创新活力。

能力是教师爱岗敬业、科学育人的保障。时代的发展要求推进教育改革，学生成长要求教育不断创新，教师只有具备相当的能力，才能履职尽责，不辱使命。新时代的教师要具有人际协调能力、专业教学能力、才艺转化能力、学生管理能力、资源整合能力和科研探究能力。其中，组织、领导、引导和监督调节能力对于担任班主任的教师格外重要。为此，我们举办了全体教师的心理健康教育培训，请来国家注册心理咨询师主讲，通过经典生动的案例对教师进行专业指导，努力从多渠道多角度提升教师的专业素养和工作能力。

教育要面向未来、面向世界、面向现代化，具有中国特色、中国风格、中国气派，教师必须胸怀祖国、放眼世界，牢牢把握坚定正确的育人方针，紧跟社会发展和科技进步的潮流，学习和借鉴人类优秀的文明成果，同时结合学生的实际，推进教育创新、优化教育理念、改进教育方式，坚持立德树人，切实加强爱国主义和理想信念教育，培养学生从小树立"四个自信"，培育和践行社会主义核心价值观，助其成长为建设社会主义现代化强国的合格预备队。

三

班主任队伍建设是教师队伍建设的重心所在。

改革开放以来，广大班主任在教育改革中潜心育人，与时俱进，为履行育人为本、全面发展的社会主义教育方针，表现出高度的政治责任感和忘我的工作热情，赢得了党和国家的信任、社会的尊重和学生的热爱。实践证明，班主任素质的高低，是决定一所学校整体工作水平高低的重要因素之一。

班主任的专业成长要注重价值观引领下的教育理念与专业精神的不断重构与塑造。班主任专业成长最根本的问题就是对立德树人的正确认识和判断，要在实践中不断探询和回答如下问题：班级建设是为了什么？什么是好的、理想的集体教育？班主任工作的基本价值何在？并在此基础上逐步形成符合教育规律和时代需要的教育理念及专业精神。班主任必须高度关注少年儿童的成长，关注他们的心理世界和情感世界的不断丰富。如果班主任能从内省的角度，抓住对教育的基本判断，深入思考，投入情感，就可以在有限的条件下把班级工作做得更好。事实证明，很多班主任就是通过对教育的不断反思，形成了对基础教育和自身工作的完整的看法和正确的认识，提高了对班主任工作的规律性把握、创造性驾驭、深刻洞悉、敏锐反应和灵活应对的综合能力，达到了融会贯通、自由和谐的状态和境界。

长期以来，我们通过各种机制，将班主任专业化建设目标有机分解，分层贯彻，逐步深化，不断推进，在实践中不断反思，在理论和实践的结合点上不断探索，促使班主任的专业化程度有了很大提升。

班主任的专业化建设需要具有长效性、创新性的保障机制，而保障的前提是明确工作人员，明晰工作职责，建立责任体系。为此，我们采取了如下措施：

1. 明确职能。明确班主任队伍专业化建设的指导思想，确定学校职能，做到三个服务：政策服务，引领服务，指导服务；三个促进：促进基层，促进落实，促进深化；三个到位：工作到位，措施到位，制度到位。同时，建立年度工作检查制度并与班主任绩效考核挂钩。

2. 加强领导。统筹班主任队伍建设，制定具体方案，形成行政引领、分级培训、教科研结合、逐层落实的工作格局。学校领导明确分工，细化方案，齐抓共管，有机协调，各负其责，共同参与。

3. 落实任务。学校压实工作责任，协调解决工作中的困难和问题，定期进行总结和交流，分层分类做好新任班主任、班主任常规培训及骨干班主任培训等专项工作，并组织好班主任基本功培训和展示活动。

完善的制度是班主任队伍专业化建设的重要保障。班主任工作是一项具有高度柔性的工作，但又是塑造学生高尚灵魂、健全人格、顽强意志的基础性工作。没有严格的规章制度，班主任工作的开展很容易流于形式。为此，应始终把建章立制放在教师队伍建设的首位，狠抓制度落实，建立健全从管理制度到工作制度，从培训制度到评选表彰制度等一系列行之有效的制度，做到执行有法可依，工作有章可循。

班主任只有自身对岗位的热爱坚定起来，才有可能进入自觉工作的状态。班主任工作是一种创造性的劳动，应当大力提倡班主任的职业理想和奉献精神，为班主任创设一个民主、宽松的环境，让制度更加人性化，让班主任工作更加自觉化。

把合适的人放在合适的岗位上是取得工作实效的不二法门，把优秀的教师放到班主任岗位上是提升学校教育质量的根本举措。为了做好班主任选聘工作，我们始终坚持选择思想道德素质好、业务水平高、身心健康、乐于奉献的教师担任班主任，聘期一般连续1学年以上，新任教师原则上不担任小学一年级班主任。坚持从高、从严、从优选聘班主任，这有力保证了教学工作队伍质量，有效提升了班主任工作团队的执行力和创造力。

班主任的专业思想是教师教育智慧的反映。当班主任对教育工作的感悟思考达到一定程度的时候，教师的职业境界就会发生变化，工作就会不断走向卓越和优异。作为有志于实现自身专业化的班主任，专业知识和专业技能的达标是一个最基本的要求。在基本专业知识达标的情况下，班主任还要不断地拓宽知识视野，不断提升自己的科学素养、人文素养，彻底改变班主任"有知识没文化、有技能没常识、有专业没思想"的状况。

班主任的工作成效往往取决于三个要素：规范、专业、个性。班主任队伍建设如果抓准了这三个环节，并以此作为切入口和突破点，也就抓住了队伍建设的关键。因此，必须建立和完善班主任的培训机制，做到实际、实用、实效，即联系实际、注重实用、讲求实效。根据班主任在校时间长、人员相对集中的特点，确定培训内容、方式和考核评价指标，以理论学习为主要引导，以基本功训练为主要内容，以集体研讨为主要形式，系统讲授与相互交流相结合，理论研修与专家指导相结合，自学自练与展示考核相结合，充分发挥首都专家资源丰富、信息辐射面广、高端平台展示充分、成果固化推广有力的优势，突出抓好班主任基本功培训。培训对象明确、培训内容科学、培训载体丰富、培训形式活泼，班主任参与的主动性迅速高涨，就可以收到显著的效果。

实现班主任的专业成长，必须养成实事求是、追求真理的科学精神，爱岗敬业、不断进取的职业操守，与时俱进、学习创新的使命意识和审时度势、因势利导的效能观念。为此，将班主任持续不断的专业化发展过程，转化为推动班主任主动投身于教科研的过程非常重要。

班主任要注重研究新的教育理念、新的工作方法、新的资源整合，激发潜能，与时俱进，做课题，出成果，同时坚持走出去，请进来，与专家面对面，请专家传帮带，定期展示交流，有效提升班主任专业化素质。

实现班主任专业化发展，需要付出长期努力，需要科学的激励和典型的推广，形成名师引领、名师带动、全体提升的局面。为此要建立班主任工作年度考核制度，提出班主任工作要求，建立月工作、学期工作与学年工作相结合的班主任工作考评体系，引导和督促班主任完成好本职工作。建立优秀班主任评选和表彰制度，将班主任骨干评选和认定纳入教师评选和奖励序列，进行表彰和奖励，大力宣传他们的先进事迹，弘扬他们的奉献精神，推广他们的育人经验。

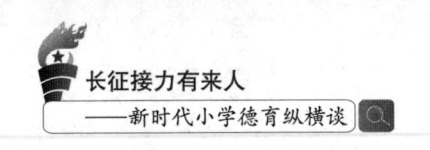

随着我校班主任队伍专业化进程的不断推进，涌现出很多优秀班主任，他们成为班主任队伍中的佼佼者，成为首都基础教育战线的骨干和骄傲。

四

班主任是班级建设的组织者和指导者，是学生健康成长的引领者和服务者，是学校德育的重要力量，在坚持教育创新、深化教育改革中具有十分重要的地位和作用。

2013年教师节，习近平总书记向全国广大教师致慰问信，信中指出："……牢固树立终身学习理念，加强学习，拓宽视野，更新知识，不断提高业务能力和教育教学质量，努力成为业务精湛、学生喜爱的高素质教师。"教育部在《中小学班主任工作规定》中明确规定："班主任是中小学日常思想道德教育和学生管理工作的主要实施者，是中小学生健康成长的引领者，班主任要努力成为中小学生的人生导师。班主任是中小学的重要岗位，从事班主任工作是中小学教师的重要职责。教师担任班主任期间应将班主任工作作为主业。"《国家教育改革和发展中长期规划纲要》中也指出："班主任是班级工作的组织者、班集体建设的指导者、小学生健康成长的引领者，是小学思想道德教育的骨干，是加强和改进未成年人思想道德建设，全面实施素质教育的重要力量。"

充满活力的教育变革带来了班主任队伍结构性的变化，年轻人已经成为班主任队伍的主体。这是一个年轻、热情、文化程度高、信息接受快、思想活跃、追求时尚的群体。他们与学生年龄接近，志趣相同，容易赢得学生喜欢。但是由于年轻班主任社会阅历少，工作年限短，对少年儿童的成长规律缺乏深刻的认识，接受新的教育理念快但理解不深，追求新的教育方法活但运用不佳，专业素质的提升成为突出问题。班主任工作不同于一般工作，其公益性、恒常性、未来性对学生成长具有重要的意义。只有不断地完善知识结构，提升育人能力，树立终身学习的观念，抓住价值观引领下的教育理念与专业精神的不断重构与塑造，逐步形成符合教育规律和时代需要的教育理念及专业精神，高度关注少年儿童的精神成长，关注他们的心理世界和情感世界，从内省的角度，对立德树人深入思考，投入情感，讲究方法，才可以把班级工作做得更好。

为此，必须引导班主任在牢固树立专业意识上下功夫。

班主任要有大局意识。学校德育是作为系统整体和动态过程而存在的。德育作为系统整体，包含着诸多部分、方面和要素；德育作为过程，包含着诸多发展阶段。德育的全局，就是由诸多要素、方面、部分、阶段所构成的有机的结构和动态的发展过程。古人云："不谋全局者不足以谋一域；不谋万世者不足以谋一时。"对于班主任来说，必须考虑德育全局性和长远性的问题，善于把一些具体的问题提到原则性的高度来认识和处理。照顾全局，既要统筹兼顾，又要抓住重点。具体说来，要审时度势，把握全局。全局由局部构成，但全局并非局部的简单相加，而是由相互联系和相互作用的部分、方面构成的有机整体。全局高于局部，统率局部。班主任应当着眼于立德树人的大局，从大局的高度来观察、处置局部的问题，局部利益要服从全局的最高利益，也就是要统筹兼顾、全面安排。要善于对工作进行总体设计和通盘谋划，确定目标，制定部署，指导行动，组织协同，使各个方面协调动作，各种方式有机组合，各个环节紧密相连，共同完成全面发展的育人目标。形象地说，也就是要学会"弹钢琴"，处理好主要矛盾与非主要矛盾、重点与非重点、中心与非中心的关系。

班主任要有应变意识。班主任要抓住关键，因势利导。一方面要统筹全局，关照好各个局部；另一方面，又要抓住重点，确定每一阶段的工作重心，找准对整体具有决定性意义的局部，突破薄弱环节，实施创新驱动发展。

班主任不仅要从工作的整体结构考虑问题，还要从工作的动态过程考虑问题。为此，就要深入研究学生的成长规律，预见学生的发展趋势和可能出现的问题。"计划赶不上变化"，工作中的变数很多，很多情况难以预测，但规律是可循的。如何把自选动作与规定动作结合起来，做到"上面千条线，下面一根针"，从战略上主动出击，关键是要有过程性思维、预见性的分析、前瞻性的理念，比较准确地预测学生的发展趋势，并采取适当的行动以影响学生发展的方向。尽管学校有规划、自己有计划，但在教育实践中总有一些情况和信息被忽略，这对于学生情况的分析与判断也难免会有局限性。另外，随着时间的推移，原来的一些东西会发生变化，新的情况会不断出现，因而班主任在提高预见能力的同时，还必须提高发展能力和应变能力，随着时间、地点和条件的变化而调整自己的工作策略，制定工作预案，做到有备无患，处变不惊，从容应对，稳步推进。

班主任要有开放意识。教育要改革，要开放，开放是客观事实。世界是开放的，国家是开放的，教育是开放的，学生的成长自然也是开放的。班主任的思维方式、工作策略更应当是开放的，而不是封闭的、保守的、僵化的。班主任要坚持观察的客观性和全面性，分析问题要看到正面和反面，策划活动要做到知彼和知己，不能只见部分、不见全体，不能只是知己而不知人或是知人而不知己，单纯让客观情况牵着自己鼻子走；要学会不仅看到教育的内部联系，而且看到教育的外部影响；不仅要看到学生的自身状况，而且要科学分析学生所处的环境；要从实际情况出发，而不能从一时一地的狭隘情况出发，以全面性和开放性的思维方式，通过学生内部和外部的各个方面的联系把握成长规律，找出内在的、本质的和必然的联系，从而把准他们的思想脉搏，有的放矢，对症下药，开展工作。

班主任要有创新意识。创新是德育工作最鲜明的特点。教育工作具有未来性和前瞻性，既有的知识和以往的经验，传统做法和惯用方式，对于德育有借鉴意义，但从本质上来说，这些东西属于过去而不属于未来。情况是在不断变化的，过去的经验、既定的预案、习惯的做法，其适用情况都是有限的。我们不能简单地用有限推导无限，用过去推导将来，用静态推导动态。我们承认知识、经验的基础作用，更重视思维的创造活力。只有创新，才能与时俱进，才能事半功倍，这需要班主任尽情发挥主观能动性，需要班主任充分发掘思维潜能，需要班主任广泛联系各种思维要素，需要班主任大胆超越以往经验和传统，从而具有敏锐的洞察力、丰富的想象力、科学的鉴别力、有效的执行力，透过纷繁复杂的现象抓住本质，参照以往经验预见未来。

班主任要有团队意识。德育是一项团体工程，需要齐抓共管，形成合力。班主任应特别注重培养自己的集体观念，涵养团队精神，在思考、计划、决策时，必须具有合作意识，对于客观环境和客观规律、主体条件和主体优势有比较全面和准确的把握，对于遇到的困难尽可能调动团队的智慧和力量攻坚克难，协同解决。德育工作除了要开展扎实的养成教育，往往还要通过主题教育活动进行，就一项全国性或全市性、全区性甚至全校性的重大活动而言，班主任必须对其要求进行转化、实化和具化，只有理性思考，协调各方，团结合作，才有可能取得实效。

班主任要有机遇意识。所谓机遇，是指对于特定事物的发展而言，并非必定出现而一旦出现就可能改变事物现存状态的事件和条件。机遇具有不确定性，因而往往表现出偶然性的特点；机遇具有不常驻性，因而往往稍纵即逝，机不可失，失不再来。尽管如此，机遇并不是无原因的和纯粹偶然性的事件，而是在偶然性的外表下蕴含着必然性，机遇是偶然性和必然性的统一。机遇也不是不可捉摸和把握的，是可以认识、把握的，利用机遇，可以促进、加快事物的发展。由于机遇影响事物发展的速度，影响事物的变迁，影响事物在可能性空间中的发展方向和结局，是事物实现其超常规发展的关键，因此，抓住和利用机遇，对于班主任来说就显得异常重要。德育工作既有基础性、常规性的工作，又有主题性、系列性的活动，往往会随着重大节日纪念日（如建党百年）、重大社会事件（如冬奥会）产生机遇，也就是教育契机，班主任无论什么时候，都要常存敏锐关注之心，深谋远虑，审时度势，因势利导。

为此，对新入职的班主任，我们坚持纳入班主任队伍梯队建设，做好上岗培训，先后邀请北京市紫禁杯优秀班主任、海淀区名班主任结合工作经验，从班级建设理念、班级文化渗透、主题活动开展等方面为新入职的班主任进行面对面的指导。"青年教师沙龙"准确把握青年教师的身心特点、成长需求、发展方向，以"沙龙"这种具有时尚气息和轻松氛围的载体，为青年教师搭建起思想交流、业务研讨、成果共享的平台，从专业素养、家校沟通、法律法规、心理辅导等多方面满足他们的不同需求，特别是以"师带徒"的形式为每位青年班主任配备一位骨干教师，关心、指导、促进他们的全面发展。如在"个人发展规划"系列沙龙中，干部和骨干班主任分享了制定和实现个人发展规划的成功经验，引导青年教师们规划和走好职业发展之路；"师傅请支招儿"沙龙活动更是针对班主任如何做好班级管理的核心主题，新老教师面对面畅怀交流，多角度、多层次为青年班主任们带来极具实效性的指导。几年来，我们不断丰富活动内容，完善运行机制，坚持长期开展，让"青年教师沙龙"成为一项"关键点位有活动、持续跟进成系列、形式多样重成效"的系统工程，青年教师培养工作做出了亮点与特色。

我们还创建了"名班主任工作站"，并以此为依托开展了丰富多彩的研修活动，如围绕"家校合作"的主题开展的专家讲座、答疑解惑、体验式活动，引领大家从科学、理性的角度学习家校沟通的策略及满足家长个性化教育需求的方法，总结经验，摸索规律，为班主任们做点拨、支妙招，鼓励班主任勤于学习、勤于实践，不断提升专业素养。我们成立了"紫禁杯"班主任工作坊，既搭建了校内外交流、分享、共进的平台，又创新了班主任队伍建设成果的辐射、引领、推广方式，大家总结交流"重过程培养、重素质积淀"的成功经验，发挥优势，结合研修，探索运行机制，实施有效举措，通过课题研究、校本研修、专题讲座、经验交流、工作论坛、观摩展示、选树典型等多种形式，扎实做好班主任队伍建设。工作坊分为三个专题研究组，分别从"以班级活动为载体创建特色班级""优化班级管理提升德育成效""班级特色文化对个别学生的引领作用"三个专题,提出了"向书籍学习,向同伴学习,向学生学习"的倡议,既有高屋建瓴的理论指导,又有行之有效的措施方法,让班主任都有所得、有所思。

正是由于对班主任队伍建设的高度重视和着力培养,学校的德育工作才生机勃勃、卓有成效,即便是在疫情严重的形势下,班主任依然通过各种途径和学生共同战"疫"。

五

"才者,德之资也;德者,才之帅也。"爱岗、勤奋、创新、乐业是国家对教师的期望,也是教师自我修养的准则,更是班主任苦练基本功所应遵循的基本标准。

班主任的智慧绽放、专业理性、教育情怀建立在技能技巧的基础之上,因此,班主任对工作技能技巧的掌握程度,即基本功的强弱是决定自身工作效果的关键。

掌握工作技能、提高工作技巧是提升班主任队伍素质的基本要求。

技能是掌握和运用专门技术的能力,技巧是技能的熟练化程度。班主任面对改革开放的新形势,教育事业发展的新要求,不仅要具有较高的思想水平和工作热情,而且应该努力掌握做好班主任工作所需要的技能技巧,练好基本功。

经济社会的深刻变化、教育改革的不断深化、学生成长的新情况新特点，对班主任工作提出了更高的要求。实践使大家认识到：班主任只有熟稔地掌握基本功，才能履行立德树人的职责。因此，2011年以来，北京市和海淀区连续举办班主任基本功展示活动，影响广泛，受到人们普遍关注。活动进一步明确了新形势下班主任队伍素质建设的新要求，由此形成学校新发展中班主任队伍建设的新举措。我们学校抓住时机，统筹兼顾，从顶层设计入手，坚持问题导向，将班主任基本功培训全员化、制度化、系统化，长期坚持，真抓实干，一方面不断优化队伍结构，建立和完善长效的激励和保障机制，调动班主任的工作积极性和创造性；另一方面带领他们学习党的教育方针、德育理论，动员他们树立进取意识，学习技能技巧，实践教育智慧，提升基本素质，苦练基本功，提高德育工作专业化水平，由此发挥了引领作用（引起重视、形成机制、加大力度）、辐射作用（层层动员、人人行动、个个参与）、示范作用（以点带面、以展带训、树立典型），班主任队伍的精神面貌焕然一新，专业能力显著提升。

2011年起，学校围绕"做人民满意教师""实践智慧·专业理性·教育情怀""博学多思　创新育人"的主题，举办了四届班主任基本功培训、展示活动，内容涵盖教育情境问题处理、班会设计、带班方略等方面，为教师们提供了提升德育能力、展现专业风采、演绎教育智慧的平台。

审时度势、因势利导是班主任基本功的核心能力。教育要因"势"而定，度"势"而为，随"势"而行，才能取得成效。大"势"支配全局，小"势"造就氛围。因势利导，教育才能成功。知不足学以持恒，去浮躁静在心中；志密行才密，功深悟才深。由此，我们在班主任基本

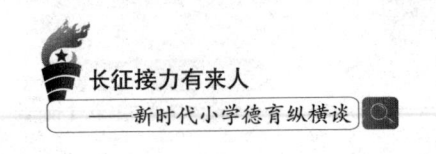

功培训中，突出抓了教育情境问题的分析这项最接地气的基本功。

情境就是在一定时间内各种情况的相对的或结合的境况。教育情境是指具有一定情感氛围的教育活动。班主任随时都置身于教育情境之中。

我们把班主任遇到的教育情境问题分为师德修养、品德教育、心理辅导、学生转化、班级活动、集体建设、家教配合等若干方面。主要是三大类：一是集体建设问题；二是个别学生转化问题；三是家教沟通和谐教育的问题。要想回答好这些问题，必须深入把握教育规律，实践应用教育理论，并与科学方法有机统一。班主任要透过现象看本质，判断准问题的性质，去粗取精，去伪存真，由此及彼，由表及里，认真调查研究，找准问题产生的根本原因，实事求是，认真调研，缜密思考，度势而行。去粗取精、去伪存真，是对情况的分析；由此及彼、由表及里，是对情况的处置。由此及彼、由表及里建立在去粗取精、去伪存真的基础上。以班主任为主导，研究问题相关各方的关系，构成判断，下定决心，寻找方法，提出方案，解决问题。总而言之，就是要透过现象看本质，辩证看，务实干！

回答教育情境问题，是一个科学的辨析过程，须将事物、现象、概念分门别类，离析出本质及其内在联系。其重点是把握问题的性质（是什么），进行问题分析（为什么）和提出解决策略（怎么办）。班主任只有以科学、专业的思维方式，灵活运用教育政策法规、科学的教育理论，以及实践中形成的成功经验，才能回答好这些带有普遍规律性的问题，体现教育智慧和教育创新，提升分析和解决问题的能力，做到理论性和实践性并重。

教育情境问题是班主任工作中常见的，也是不可回避的问题。班主任容易犯的错误是性质判断不准，原因分析不清，理论应用不当，方法使用不妥，难以使其知、令其信、动其情、导其行。分析好，大有益。如果我们的班主任都能按照学生身心发展的规律和教育原则来考虑和处理问题，不冲动，不盲动，不仅仅凭感觉做事情，始终能够保持冷静的态度，全面认识，严谨分析，客观判断，审时度势、因势利导，辩证看、理性干，就能叩开学生心扉，走进学生心田，取得事半功倍的教育效果。

回答好教育情境问题首先需要正确的理念、科学的理论。中华民族有着悠久的历史和灿烂的文化，也有着博大精深的教育思想和实践规律，需要我们很好地尊重、传承并发扬光大。改革开放以来，我们引进了许多国外的教育理念和理论，如马卡连柯的平行教育理论、卡特·勒温的团体动力学、埃里克森与艾尔伯格的人本主义心理学及代币强化技术、价值澄清技术等。对于这些，我们应该虚心学习，辩证看待，灵活运用，与我们自己民族的宝贵精神财富兼收并蓄，融会贯通，真正做到古为今用，洋为中用，彰往察来，与时俱进。

为此，我们倾数年之力，集中教师的智慧，先后于2015年和2020年编写了两部《教育情境问题100例》，其指导思想是：立足新时代，贯彻新理念，深入落实党的教育方针，以社会主义核心价值观为统领，把立德树人融入班主任工作实践，培根铸魂、启智润心，促进班主任队伍专业素质不断提升，培养德智体美劳全面发展的社会主义建设者和接班人。

实际上，发现教育情境问题的是班主任，回答这些问题的也是班主任，因为这些问题都是班主任工作中常见的，也是班级建设中不可回避的。书中选出的问题，都是班主任在工作实践中总结出来的；所给出的答案，都是班主任在实际工作中认为行之有效的。其总的特点是：反映教育规律，体现科学育人，坚持理性思考，倡导创新精神，贴近工作实际，指导工作开展。回答问题的答案既充分体现科学的办学理念，突出思想性、教育性和科学性，又包含学校育人的传统经验，吸收改革的最新成果；既注重理论上的系统归纳，又侧重实践中的具体应用，概念简明准确，理论深入浅出，方法科学适用，事例真实有力，符合小学生的年龄特征和心理特点，主题鲜明，生动活泼，是全面育人、全员育人、全程育人的智慧结晶。

教育情境千变万化，教育问题层出不穷，这不只是班主任而且是所有一线教师都会面临的情况，人人都是育人主体，人人都需要练好基本功。学校在深入思考、充分调研之后，决定将班主任基本功培训的范围扩展到全体教师，落实大德育观，统一育人战线。为了进一步推进全员育人，学校依托《教育情境问题100例》，在全体一线教师范围内开展教师基本功培训、展示活动，通过专家指导与专题培训相结合、学习研讨与展示交流相结合、团队评议与自我评价相结合的方式提升教师整体的育人水平。从2016年起，学校建立了两年一届的"创新杯"教师基本功培训制度，使其常态化、长效化，引导全体教师以专业的思维方式，灵活运用教育政策法规、科学的教育理论及实践中积累的成功经验，处理好带有普遍规律性的教育问题。可以说，班主任基本功培训引领了整个队伍建设，形成了机制，有效辐射全校，开创了层层动员、校区联动、全员共进的生动局面。

10 凝心聚力 齐抓共管

——十谈培育家校教育共同体

凝心聚力 齐抓共管
——十谈培育家校教育共同体

教育的问题，教育方法的问题，历来是社会关注的热点。古人的开蒙读物《三字经》中"昔孟母，择邻处"讲的就是教育环境的选择问题；"养不教，父之过。教不成，师之惰"则直指教育责任……古人在教育问题上有着许多真知灼见，就是在今天依然对我们有宝贵的启示意义。毫无疑问，我们的今天是为了孩子们的，我们的明天是属于孩子们的。用什么样的教育思想、教育方法去培养今天的少年儿童，是摆在学校和家庭乃至全社会面前的共同课题。

社会生产力越发达，科学技术越进步，人们的生活水平越提升，这个课题就显得越迫切，解答起来就要求越科学、越细致。在科教兴国已经成为基本国策的今天，需要方方面面的力量勠力同心，特别是学校和家庭教育要形成合力。

一

根据中华人民共和国第九十八号主席令，《中华人民共和国家庭教育促进法》已由中华人民共和国第十三届全国人民代表大会常务委员会第三十一次会议于2021年10月23日通过，自2022年1月1日起施行。

对家庭教育立法，说明了家庭教育的重要性和迫切性，也说明了党和国家对家庭教育的重视和支持，其目的在于发扬中华民族重视家庭教育的优良传统，引导全社会注重家庭、家教、家风，增进家庭幸福与社会和谐，培养德智体美劳全面发展的社会主义建设者和接班人。

家庭教育是指父母或者其他监护人为促进未成年人全面健康成长，

对其实施的道德品质、身体素质、生活技能、文化修养、行为习惯等方面的培育、引导和影响。家庭教育以立德树人为根本任务，培育和践行社会主义核心价值观，弘扬中华民族优秀传统文化、革命文化、社会主义先进文化，促进未成年人健康成长。

家庭教育由未成年人的父母或者其他监护人负责实施，国家和社会为家庭教育提供指导、支持和服务。其中，学校负有不可推卸的重要责任。

《中华人民共和国家庭教育促进法》明确规定："家庭教育、学校教育、社会教育紧密结合、协调一致。""建立健全家庭学校社会协同育人机制。""未成年人的父母或者其他监护人应当与中小学校、幼儿园、婴幼儿照护服务机构、社区密切配合，积极参加其提供的公益性家庭教育指导和实践活动，共同促进未成年人健康成长。""……畅通学校家庭沟通渠道，推进学校教育和家庭教育相互配合。""中小学校、幼儿园应当将家庭教育指导服务纳入工作计划，作为教师业务培训的内容。""中小学校、幼儿园可以采取建立家长学校等方式，针对不同年龄段未成年人的特点，定期组织公益性家庭教育指导服务和实践活动，并及时联系、督促未成年人的父母或者其他监护人参加。""中小学校、幼儿园应当根据家长的需求，邀请有关人员传授家庭教育理念、知识和方法，组织开展家庭教育指导服务和实践活动，促进家庭与学校共同教育。""具备条件的中小学校、幼儿园应当在教育行政部门的指导下，为家庭教育指导服务站点开展公益性家庭教育指导服务活动提供支持。""中小学校发现未成年学生严重违反校规校纪的，应当及时制止、管教，告知其父母或者其他监护人，并为其父母或者其他监护人提供有针对性的家庭教育指导服务；发现未成年学生有不良行为或者严重不良行为的，按照有关法律规定处理。"

根据国家法律规定，家庭和学校应该成为教育共同体，家庭教育和学校教育应该由过去单纯强调理解、支持和配合深化为紧密配合、相互结合、深度融合。

二

家庭是社会的基本细胞。注重家庭、注重家教、注重家风，对于国家发展、民族进步、社会和谐具有十分重要的意义。家庭是孩子的第一个课堂，父母是孩子的第一任老师。家庭教育工作开展得如何，关系到孩子的终身发展，关系到千家万户的切身利益，关系到国家和民族的未来。这不单是一种认识，更是一种责任。家长必须承担起对学生实施家庭教育的主体责任，用正确的思想、方法和行为教育他们养成良好的思想、品行和习惯，这和学校教育的目标是完全一致的。

学校有校风，家庭有家风。校风和家风紧密相连，相互影响，相互促进，都以中华民族的美德为内核，以社会主义核心价值观为根本遵循。现阶段家庭教育的主要内容是：教育孩子爱党、爱国、爱人民、爱集体、爱社会主义，树立维护国家统一的观念，铸牢中华民族共同体意识，培养家国情怀；教育孩子崇德向善、尊老爱幼、热爱家庭、勤俭节约、团结互助、诚信友爱、遵纪守法，培养其良好的社会公德、家庭美德、个人品德意识和法治意识；帮助孩子树立正确的成才观，引导其培养广泛的兴趣爱好、健康的审美追求和良好的学习习惯，增强科学探索精神、创新意识和能力；保证孩子营养均衡、科学运动、睡眠充足、身心愉悦，引导其养成良好的生活习惯和行为习惯，促进其身心健康发展；关注孩子心理健康，教导其珍爱生命，对其进行交通出行、健康上网和防欺凌、防溺水、防诈骗、防拐卖、防性侵等方面的安全知识教育，帮助其掌握安全知识和技能，增强其自我保护的意识和能力；帮助孩子树立正确的劳动观念，参加力所能及的劳动，提高生活自理能力和独立生活能力，养成吃苦耐劳的优秀品格和热爱劳动的良好习惯。显然，这些内容与学校德育的内容是一致的，充分体现了紧密配合、相互结合、深度融合的必要性。

特别值得注意的是，《中华人民共和国家庭教育促进法》特别强调家长应当树立正确的家庭教育理念，自觉学习家庭教育知识，在孩子的各个年龄段进行有针对性的学习，掌握科学的家庭教育方法，提高家庭教育的能力。小学阶段是孩子人生奠基的重要阶段，学校应努力协助家长履行好家庭教育的责任。

改革开放以来，随着社会经济发展，人民生活水平的不断提高，广大家长对基础教育的质量要求越来越高，家校配合度越来越紧密，但还存在着双方认识不到位、协调方法不科学、沟通路径不顺畅等问题，导致一些家庭出现了重智轻德、重知轻能、过分宠爱、过高要求等现象，影响了孩子的健康成长和全面发展，也造成了家校之间的矛盾和冲突。我们学校在2015年和2020年编写两部《教育情境问题100例》时，征集到的问题中就有大量是涉及家庭教育和家校配合的，到正式出版时，第一部中其占了19%的比重，第二部中其占了12%的比重，由此可见这方面的问题十分突出。

当前，我国正处在百年未有之大变局的关键时期，第一个百年目标已经实现，正在向着实现第二个百年目标砥砺奋进。新时代不但要求学校教育要全面优化，教师素质要全面提升，而且要求迅速提升家长素质，提高育人水平，家长要承担起家庭教育的重要责任和使命，和学校一起立德树人，培根铸魂。

三

打造家校教育共同体，最为重要的是相互达成共识，心往一处想，劲往一处使，形成育人合力。

要不断提升家庭教育水平，广大家长就要全面学习家庭教育知识，系统掌握家庭教育科学理念和方法，增强家庭教育本领，用正确思想、正确方法、正确行动教育引导孩子；不断更新家庭教育观念，坚持立德树人导向，以端正的育儿观、成才观、成人观引导孩子逐渐形成正确的世界观、人生观、价值观；不断提高自身素质，重视以身作则和言传身教，要时时处处给孩子做榜样，以自身健康的思想、良好的品行影响和帮助孩子养成好思想、好品格、好习惯；努力拓展家庭教育空间，不断创造家庭教育机会，积极主动与学校沟通孩子情况，支持孩子参加适合的社会实践活动，推动家庭教育和学校教育、社会教育有机融合。

家长要严格遵循孩子成长规律，为孩子提供健康、丰富的生活和教育环境，培养孩子健康的体魄、良好的生活习惯和品德行为，让他们在快乐的童年生活中获得有益于身心发展的经验。家长要督促孩子坚持体育锻炼，学习自我保护知识和基本自救技能，鼓励孩子参与劳动，养成良好的生活自理习惯和学习习惯，引导孩子学会感恩父母、诚实为人、诚实做事。要对孩子开展性别教育、媒介素养教育，培养孩子积极的学习态度，与学校配合减轻孩子过重的学业负担，指导孩子学会自主选择。切实消除"学校减负、家长增负，不问兴趣、盲目报班"现象，不做"虎妈""狼爸"。作为家长要适当减轻孩子的学习压力，最好的办法是合理安排孩子的学习，切勿求其"全"。不要让孩子去学他自己不感兴趣且收效甚微的东西，这样会适得其反。孩子再小也要有自己的空间，自己的"秘密"。作为家长不要觉得孩子是自己的私有财产，可以任意监听其手机，拆看其信件，偷窥其日记，干涉其人际交往。成长期的孩子本身就很敏感，过多的学习任务已经让他们幼小的心灵承受了过多的压力，而相对自由的空间可以舒缓压力，也可以让孩子觉得自己被尊重。在不影响孩子学习的情况下，家长应该参与到孩子的自由空间中，与其共乐，这样既可以了解孩子，更增进了家长与孩子之间的感情。

　　家长要找更多的机会与孩子交流，了解孩子的想法，疏导孩子的心理。首先，家长要营造良好的亲子情境。父母要放下架子，让孩子明白父母对他的爱，要接纳孩子的全部。其次，要以"开明权威"的方式与孩子沟通，沟通时，千万不要采取批评的态度，而是要以委婉的口气进行分析，提出建议，让孩子知道哪些是对的，哪些是错误的，引导孩子去思考，做判断。要尊重孩子的人格，不要认为自己应该为孩子的一切做主。亲子关系不应该是一个控制与被控制的关系。亲子发生冲突之后，家长要检讨自己，比如是否方法不当，是否过于教条。另外，适当地给孩子一些选择的权利，培养他们为自己的行为负责的态度和能力。

广大家长要真正做到因材施教，不断提高家庭教育的针对性；要始终坚持以儿童为本，尊重孩子的合理需要和个性，创设适合孩子成长的必要条件和生活情境，努力把握家庭教育的规律性；要提升自身素质和能力，积极发挥榜样作用，与学校、社会共同形成教育合力，避免缺教少护、教而不当，切实增强家庭教育的有效性。只有端正了态度，才能对学校的办学理念、教育教学方略、各项规章制度、教师尤其是班主任的教育教学方式给予理解、认同和支持，才谈得上密切配合，相得益彰。

家长与教师一样都是孩子健康成长的引路人，都肩负着教育好孩子的重任。教师与家长其实是同盟军，目的是相同的，即对孩子成长起到教育、引导和示范作用。家长与教师在人格上完全平等，不存在尊卑和地位的高低之分。教师和家长都绝对不能觉得自己高人一等，相互谈话的时候居高临下，盛气凌人。教师和家长必须相互尊重，以真诚与平等的态度对待对方，相互取得信任，在友好、愉悦的氛围中合作，共同探讨对孩子教育的最佳方法，以达到优化教育的目的。

四

家长是社会的群体，是大众的代表，是学校最宝贵的社会资源。办学要让社会认可、人民满意，实际上首先需要得到的就是家长的点赞。

家长由于自身家庭成员的教育需要，与学校联系最密切，感受最真切，观察最细致，体会最深刻，从而对学校办学质量最有发言权。因此，学校教师在全面贯彻党的教育方针的过程中，不但要把握学校教育的根本属性，把党对少年儿童的成长要求贯穿到教育全过程，引领广大少年儿童牢记和践行党的教导，有志向、有目标，热爱党、热爱祖国、热爱人民，从小学习做人、从小学习立志、从小学习创造，全面发展，做中国特色社会主义事业合格的建设者和接班人，而且还要树立系统化、社会化、规范化的教育理念，高度重视家庭教育与学校教育的配合、结合和融合，把教育的思想性、知识性、科学性和趣味性及培养学生良好的行为习惯的教育目标传达给家长，引领他们提升教育素养，做到高度理解，深度配合，共同在引导、指导、辅导、督导上下功夫，把教师的智慧教育与家长的亲情教育充分结合起来，遵循少年儿童生理心理发展规律和教育教学规律，努力开发，充分利用学生喜闻乐见的路径和载体，使教育生动、活泼、新颖、有趣，具有吸引力和感染力，激发学生的创造志向，培养他们的创造才干，学会运用课堂知识和书本知识解决实际问题。

全体教师应懂得，学校教育如果不与家庭教育、社会教育相结合，学校教育就显得苍白无力。因此，学校教师要珍惜和抓好与家长的每一次交往，要真诚主动地与家长沟通交流，解答家长的疑惑。沟通是人们通过语言和非语言方式传递并理解信息、知识的过程，是人们了解他人思想、情感和价值观的一种双向的途径。在教育过程中，沟通尤为重要，班主任与家长之间的沟通有着重要意义。

教师在与家长交流的过程中要注意文明礼貌，言行得体。面对家长的询问，做到客观介绍，理性阐述，控制好自己的情绪，耐心倾听家长的想法，科学回答家长的质疑。家长只有感受到教师的真诚和教育智慧、教育能力，才会产生信任，才会心悦诚服地接受教师的建议，配合教师教育好孩子。

家长会是学校与家庭、教师与家长进行沟通的重要平台。教师对不同类型的家长要采取不同的沟通策略，一把钥匙开一把锁。要珍惜和把握好每一次家长会，在家长面前公开亮相，是对年轻教师教育理念、教育能力和教育成果的集中检验和展示，要抓住这个契机，认真准备，全力以赴。要客观地介绍情况，把成绩讲够，把问题讲透，用自己的教育智慧征服家长。莘莘大方的仪态、科学严谨的方略、真诚坦率的态度，一定会获得家长的好感，赢得家长的理解与信任。在向家长反映学生在校情况时，不仅要反映孩子的学习情况，更要反映孩子在学校的思想情况；不仅要反映孩子身上存在的不足之处，更要及时汇报孩子所取得的点滴进步。让家长认识到学校关注的是孩子的综合能力、进行的是素质教育，而不仅仅局限于智育。

教师一定要把家长看作教育的合作者，而不是单纯的教育购买者。只有相互信任，真正做到相互尊重，才能做到积极配合，形成教育共识，形成合力和谐育人。家长之所以会因为学生与学校或教师发生冲突，主要是双方家长存在两种比较典型的想法，一方家长是"维权"意识过强，觉得对方侵害了自己孩子的合法权益，对孩子造成了危害，应当严究严惩；另一方家长对自己孩子非常"宽容"，觉得小孩子间没什么大事，不必小题大做。作为班主任，首先要理解双方家长的心态与理念，审时度势，因势利导，采取科学的方法进行协调与引导。对于"维权"意识强的家长，班主任要肯定维护孩子的正当权益是正确的，谁也不希望孩子受到伤害，但是，维权首先要弄清动机，分清对象，孩子之间的事情往往不能简单用成人社会的标准去衡量和裁夺，对问题学生要批评，但如何教育，需要讲究方法和度。另一方面，家长关心孩子可以理解，但是孩子正处于成长、锻炼的阶段，不能凡事都由家长"代劳"，有些时候家长要适当地退出来，鼓励自己的孩子勇敢面对挑战，把处理问题、历练成长的机会交回孩子手中，鼓励孩子勇敢地维护自己的权益，这样做，反而会让孩子再也不受到伤害。对于持"宽容"态度的家长，要恳切地指出信任孩子虽然难能可贵，但成长过程中孩子需要指引帮扶，虽然错误难以避免，但防微杜渐、严格要求是家长的本分，更是责任。孩子有欺负别人的苗头时，家长不能视而不见，更不能放任不管，要理性地查找问题根结，妥善处理，尽可能地挽回影响。家长要以身作则，做出榜样，这既是对自己孩子的负责，也是对他人孩子的尊重。所以，在这个问题的处理中，老师要做好孩子和家长的工作，教导学生正视问题，避免再犯，使其勇敢地承担后果，并关注孩子之后心理、行为的转变。在恰当的时候，请双方家长会面，进行充分沟通，前提是不揪辫子，不扣帽子，要肯定双方家长都是爱子心切，劝导双方家长着眼于孩子成长，共同担起责任。

赢得了家长，就赢得了教育的主动权。每个学生都来自不同的家庭，每位家长的文化水平、基本素养都不尽相同，他们的价值观、人生观也各异，因此，教育孩子的态度、方式也各不相同。工作中，班主任往往会遇到"护短型"的家长、"放任型"的家长、"溺爱型"的家长，甚至是"矫情型"的家长，这就要求班主任采取灵活的沟通方式。比如：对熟悉的家长，班主任可以直率一些；有些家长自尊心强，就可以说得委婉一些。与家长沟通好了，就为以后更好地教育学生奠定了基础，铺平了道路。只要家长能够认清正确教育孩子的重要性并愿意与学校老师合作，那么班主任对学生的教育就容易多了。班主任还要与家长共同探讨教育孩子的方法，交流时对孩子的评价要客观而全面，既肯定孩子的优点与进步，也要真诚地提出其不足之处及改进办法。无论家长是溺爱孩子、打骂孩子，还是放任孩子或对孩子要求不一致等，都要热情加以指导，促其纠正。只有家长工作做到位，班主任才真正做到了尽职尽责。

老师通过微信群与家长进行有效沟通，达成教育共识，形成教育合力，微信已经成为信息时代家校沟通协调行动的重要载体。在实际工作中，应该做到以下几点：制定群规，明确微信群的作用。国有国法，群有群规，建群之初，教师首先应该在微信群里公布群管理规定，使家长了解入群应遵守的规则。例如规定"不回复"。教师创建通知群的目的在于发布通知，提醒家长一些比较重要的事项，为了避免由于家长回复"收到"等信息造成刷屏，致使其他家长错过发布的重要信息，"不用回复信息"这一规则就显得至关重要。另外，为避免错过通知，教师也可以建议家长尽量把通知群置顶、非必要不开启"消息免打扰"模式等。再如规定"不公开讨论"。班级通知群的作用在于普遍告知，因此，如果教师想和某位家长进行沟通，或是家长想向教师了解情况，都应私信进行。公开讨论与其他家长、学生无关的事情，既是对其他家长的干扰，也容易引起扩大化，产生适得其反的作用。教师在群中不能对一些家长进行点名提醒，这是对家长的不尊重，即便是进行点名表扬，也会使没有受到表扬的家长十分尴尬，引起有些家长的反感或焦虑，不利于家校沟通。有些家长公开在群中呼吁教师给予某个学生帮助、照顾，或对教师的工作公开指手画脚，无端指责，也常常会置教师于尴尬的境地。因此，"通知群"的管理格外重要，其规则需要教师和家长共同遵守，共同维护。

建立微信群要讲究公平公正，倡导正能量。如果说"通知群"的作用是广而告之、协调行动，那么"讨论群"则是教师和家长交流沟通、达成共识的重要平台。在讨论群中，教师要本着公平公正原则介绍学生在校表现，以倡导正能量为基础，分享教育理念和教育方略，进一步提高家校沟通的实效性。在群中可以反映校园生活的美好，如快乐的课外活动、生动的课堂教学、丰富多彩的班队会……可以让家长感受到孩子的成长，了解教师的教育理念与教育策略，更新家长的教育理念，提升家长的教育水平。一句节日祝福，一个温馨提示，都传递着教师的爱与关怀，也增进了家长、学生、教师的情感交流。在群管理中，要避免点名批评、公布成绩、进行排名；注意上传学生在校照片的涉及范围；不能只发布表现优异的学生的照片；谨慎发布信息，不随意转发网上信息，造成家长不必要的担心等。

虽然制定了一定的群规，但在微信群中仍不乏一些不和谐的现象。如个别家长把学生在学校中发生的小小争执扩大至微信群中，又如有的家长在群中给孩子请病假，引发其他家长的情绪紧张等。这些偶然发生的情况，都需要教师及时关注、睿智应对。无论是哪类突发事件，首先要站在家长的角度思考问题，理解家长为什么这样想、这样做，及时调查，了解事情真相，确定家长反映的情况是否客观真实，以便确定沟通的策略。教师要以良好的沟通方式和专业的处理方法，获得家长的认可和信任，圆满解决各类群突发情况。总之，班级微信群的管理需要有的放矢，需要教师和家长共同维护，合理利用，发挥家校共育的重要作用。

学校教育和家庭教育协同进行，互相联系、配合、促进和补充，形成统一的教育整体，保持教育影响的一致性，才能步调一致，勠力同心，和合共进。

五

强化学校对家庭教育的指导，是学校在新时代办好学、育好人的使命担当。学校要横向多渠道、纵向多层次地采取各种措施，切实加强这方面的工作，努力形成教委主导、社会协作、家长参与、学校组织的家校教育共同体的工作格局。学校要建立健全家庭教育指导机制，统筹家长委员会、家长学校、家长会、家访、家长开放日、家长接待日、家长参与班队活动等各种家校沟通渠道，逐步建成以学校德育工作管理者、班主任、相关老师为主体，专家学者和优秀家长共同参与，专兼职相结合的家庭教育骨干力量。将家庭教育工作纳入学校教育规划和工作计划，纳入教师培训计划并切实加以落实。

学校在指导家庭教育的过程中，要不断拓宽路径，创新载体，丰富服务内容。一方面要坚持立德树人的根本任务，将社会主义核心价值观融入实践指导实践，通过举办家长培训讲座和咨询服务，开展先进教育理念和科学育人知识的普及；另一方面要通过主题论坛、经验交流会、表彰奖励等形式，邀请优秀家长现身说法，树立先进典型，推广家庭教育的成功经验，发挥优秀家庭的示范带动作用。要特别重视寒暑假和节假日，指导家长带领孩子开展社会实践和研学考察活动，一起进行参观体验、专题调查、研学旅行、红色旅游、志愿服务和社会公益活动，以重大纪念日、民族传统节日为契机，通过丰富多彩、生动活泼的活动与孩子沟通和交流，及时了解孩子的思想状况和行为表现，不失时机地施加正能量的影响，潜移默化地促进孩子健康成长。

发挥好家长委员会作用至关重要。学校不但要普遍建立家长委员会，推动建立年级、班级家长委员会，而且要建立健全家长委员会的工作机制，将其纳入学校日常管理，制定章程，形成制度。家长委员会要邀请有关专家、学校校长和相关教师、家长代表组成家庭教育讲师团，通过各种形式面向广大家长定期宣传党的教育方针、相关法律法规和政策，传播科学的家庭教育理念、知识和方法，组织开展形式多样的家庭教育指导服务和实践活动。

家长学校是建设家校教育共同体的重要载体。学校要想方设法，积极争取相关组织、有关方面给予协助，共同办好家长学校。将家长学校纳入学校工作的总体部署，组织专家团队，聘请专业人士和志愿者，设计实际实用的家长学校课程，开发家庭教育教材和活动指导手册。

与此同时，学校在教科研中要将家校教育共同体的建设作为重要课题进行研究，坚持问题导向，形成研究成果，指导实际工作。我们在长期从事基层学校德育工作的实践基础上，本着对家庭教育和学校教育的和谐共融的深切感受，筛选出当今学校与家庭普遍关注的若干课题。例如，面对百年未有之大变局，学校和家长如何联手在少年儿童中培育和践行社会主义核心价值观，引领他们扣好人生的第一粒扣子，全面发展，健康成长；溺爱是拌在蜜糖里的砒霜，如何体现严是爱、松是害，让教育之爱与亲情之爱统一起来；教师和家长如何消除破碎的家庭带给孩子的负面影响，如何满足"留守"与"流动"儿童的成长需求；家长和学校如何协调行动，真正让学生做到"双减"，教师给学生松绑，家长不做"虎妈"和"狼爸"；教师和家长怎么才能当好孩子的守护神，教会孩子在"突然状况"面前保护自己，做到姓导不姓包，放手不放心；如何善用新媒体，引导孩子跳出"虚拟世界"，吸收文化和信息正能量；如何面对孩子体质与心理问题的双红灯，改变体质羸弱、心理脆弱的状况；如何做到生态文明建设从娃娃抓起，形成垃圾分类、光盘行动的文明习惯；家长和教师如何手拉手心连心，心往一处想劲往一处使，让 5+2 > 7，做到同心哺育童心……对这些课题开展有针对性的研究，溯其根源，剖其利害，探其方略，引领家长们共同思考和行动。

理念决定行为，思路决定出路。要做好家长工作，就要端正教育理念，理清工作思路。首先要充分认识到家长是宝贵的教育资源，这种资源具有极大的流动性，既可以随着社会结构的改变而变化，又能随着生源和学校发展而变化。家长结构的变化直接导致了教育资源的重组，呈现出多元化、多类型、多层面的特征，需要不断发现、不断开发、不断整合，一方面是由于教育创新对资源质量的需求不断提升，另一方面也是由于资源本身有着新陈代谢的规律。教育改革主导着教育资源的开发和利用，家长资源整合的过程体现了学生的成长愿望和学校的办学目的，只有凝心聚力、和合共进，家长资源才能不断积累、不断开发，向教育创新中渗透，促使学校办学素质不断提高，使学校的建设与发展如虎添翼、锦上添花。

家长资源的整合是一项和谐工程，最终目的是达到学校教育和家庭教育的和谐统一，达到学校教师和家长的教育和谐，合力育人。实施这样一个工程，必须通过学校的组织和协调，把不同社会阶层、不同文化背景的家长引入共同参与学校办学中，整合成一个为育人服务的系统，争取 1+1＞2 的效果。

家长资源的整合，是学校教育改革的手段，也是学校管理的日常工作。要优化家长资源，教师首先要转变观念，把家长看作资源，对不同来源、不同层次、不同地位、不同状态的家长公平对待，一视同仁，注重沟通，从简单要求配合教育到主动请求融合教育，凝心聚力，创造出资源开发利用的新动态。

学校的家长资源整合努力做到强化互动，建立多渠道的沟通机制，努力做到零距离接触，第一时间反馈动态，掌握和谐教育的主动权；信息畅通，通过互联网、手机平台等载体，共享学校信息；广泛参与，在充分沟通的前提下通过邀请家长观摩课堂教学，参加主题活动，组建家长委员会，招募家长志愿者等形式达到学校与家长的相互理解、高度信任，最终共同行动；建立联盟，逐步建立科学有效的运行机制，通过家长会、家长学校、家长委员会、家长志愿者将现代教育科学、学校办学理念及建设和发展规划传达给广大家长，使家长感到和谐教育的重要，增强共同教育的自觉性。

家长资源的整合要坚持合法、合理、合情的原则，特别强调教师在面对家长时的"黄金定律"：一是尊重，对家长不可颐指气使，不可盛气凌人，不可单纯指责；二是平等，介绍情况客观公正，评价学生实事求是，请求协助态度恳切；三是合作，提出要求合情合理，给出方法实际有效，教育责任共同担当，彼此分工明确到位。指导教师变单纯指责为深入指导，变硬性要求为合理建议，变感性交流为理性沟通。如对于发生的学生安全突发事件，班主任一定要冷静处理，做到认真负责，协调到位。家长态度不好，其原因主要是心疼孩子，对于班主任的及时处理、教育安抚，家长或许并不知情，没有直接体验，所以情绪激动。班主任应当第一时间与家长取得联系，让家长了解情况并让其了解学校所做的一切。再如，我们往往看到了独生子女多，家长娇惯溺爱的普遍现象，从而认为有些家长对教师、对学校是故意找茬，难以对付，实际上，大部分家长都是通情达理的，无理取闹、小题大做的只是极少数。有些家长之所以有所埋怨，是他们对介入教育有着极大的积极性，在发生教育事件的时候，想尽早获得知情权和话语权，而且他们内心深处会认为这是对他们是否尊重的衡量标准。因此，适时地给家长打电话，听一听家长的态度，满足家长对于学校和老师的心理诉求，教师一定会得到理解。

学校教育和家庭教育各有其特点，它们相互联系，相互作用，相互影响。教育的成果取决于家庭教育与学校教育是否协调一致、形成合力，成为互补过程。尤其在学校教育和家庭教育的差异方面，家校合作的互补性愈发显得重要。完善的家校合作关系不但能更好地促进学生的健康成长，让学生充分享受来自老师和家长的关怀，而且有利于培养学生良好的行为习惯，还可以促进学校和家庭之间的信息交流，以便有针对性地进行学生的思想工作，使学校与家庭教育更有时效性、针对性，目标要求更一致，同时家校合作关系的建立还能够优化学校教育的环境，使学生接受的教育更完整。

在"寻访革命圣地、传承长征精神"的研学考察活动中，我们学校就调动和整合了多种教育资源，从学生资源上，坚持自愿报名、从优选拔，而且还要身体健康，家长同意；从教师资源上，选拔了敬业精神强、示范作用好、知识丰富、年富力强的同志；在家长资源上进行了深入动员，推选出自愿报名并且指导力、亲和力强的爸爸妈妈；在社会资源上，选择了具有丰富经验、深谙教育规律的文化公司进行策划和保障，细节安排上处处用心，一切以学生为中心，做到了一路相处和谐快乐。老师、家长和同学们就像是一个大家庭，大家团结协作，友爱互助，出现了很多感人的情景。天气炎热，大家每天都会汗流浃背，有的家长主动帮孩子洗衣服，有的家长的防晒霜也变成了公用防晒霜；有的家长坚持不懈做好随行记录，有的家长主动承担摄影摄像工作，不漏掉每个环节；有的家长高举校旗，走在前面，有的家长埋头幕后工作，为大家整理打印通讯录，发放研修手册，个别家长竟然在火车站默默等候了4个小时；老师和家长回到北京后顾不上休息，很快就在百度云上的共享空间按时间地点分门别类地汇总整理好了大量照片。老师和家长们用自己的方式，为孩子们诠释和传递着什么是认真负责，什么是无私奉献，什么是长征精神。这样做旨在充分挖掘和发挥家长的优势与专长，协助学校开展好社会实践活动，使家长由旁观者、评论者，转变成为参与者、指导者，从而不断完善学校、家庭、社会"三位一体"的教育体系，形成"家校共育、和谐成长"的教育格局，使家校教育一体化落地生根。

◎ 跋

"一片丹心两袖清风，滴滴汗水诚滋桃李满天下；三尺讲台四季晴雨，点点心血勤育英才泽神州。"

我很喜欢这副对联，认为它表达了一名教师，特别是一名学校德育工作者献身基础教育事业的心声。

我们党已经成立百年，是一代又一代的人不忘初心，牢记使命，砥砺奋进，才赢得了如今改革开放、国泰民安的大好局面。中华民族的伟大复兴，社会主义现代化强国的巍然屹立，中国共产党开辟的事业承上启下，不断发展，靠的是"长征接力有来人"。因此，习近平总书记满怀深情地对少年儿童说："人们想起童年都是美好的、最难忘的，童年也是人的一生中经常会回忆的时光。我看到你们，就想到了我们民族的未来。我国社会主义现代化、中华民族伟大复兴的中国梦，将来要在你们手中实现，你们是未来的主力军、生力军。希望全国各族少年儿童都

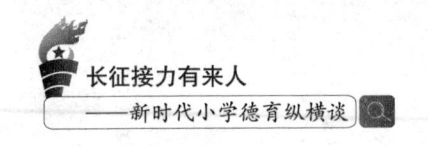

'好好学习、天天向上'。"这也是我写这本书的初衷。

"伟大长征精神，作为中国共产党人红色基因和精神族谱的重要组成部分，已经深深融入中华民族的血脉和灵魂，成为社会主义核心价值观的丰富滋养，成为鼓舞和激励中国人民不断攻坚克难、从胜利走向胜利的强大精神动力。""大视野　新长征"的德育创新实践，完全契合了党在新时代对学校德育的根本要求和育人目标，也成为我完成这部专著的动力支持。正是因为一代人有一代人的追求，一代人有一代人的长征，一代人有一代人的担当，才能更好地弘扬长征精神，汇聚力量，增强意识，坚定信念，开阔思路，开拓创新，努力探索新时代学校德育的新特点、新规律，提升学生的综合素质，促进他们的全面发展。也正因为如此，我才勇于在专家的指导下、在学校领导和大家的支持帮助下以纵横谈的形式完成了这部专著。

人生乐在苦耕耘。立德树人、培根铸魂的使命担当，首先需要我们爱岗敬业，守正创新，"立师先立德"。进入新时代后，面对一系列新的挑战、新的课题，我深感努力提升自身的战略思维能力、教育科研能力、活动指导能力、信息整合能力、资源优化能力、总结提升能力、综合表达能力和持续发展能力的迫切需要，深知只有不断开阔工作思路、涵养教育情怀、坚定理想信念、矢志求真务实才能不忘初心，不辱使命。这本专著就记录了我学习总结、提炼自省的所思所得，认识尽管还很肤浅，但是思考很是认真。

基础教育是强国富民的头等大事，投身其中，尤其是经历了多年的教育实践，我深切地体会到选择了教育就选择了平凡，选择了德育岗位就选择了奉献。我时刻感受到身后有无数双澄澈的眼睛在审视着我、评

跋

价着我、模仿着我，因此，只有不断鞭策着自己自律自强，做一个师品和人品高度统一的人，才能成为这些眼睛中"大写的人"，才能赢得学生的热爱和信任，才能让学校德育落地生根。有人把自己的事业比作花的事业，有人把自己的事业比作叶的事业，而我们所从事的事业是根的事业，是强民族之根，铸国家之魂的事业。花的价值要靠果实来体现，我们的成就要通过学生来证明。所以，我们更要有大视野、大胸怀，要有新长征的毅力，这也是我在这本专著中苦苦探寻的道理。

传承红色基因，赓续红色血脉，是一项长期艰巨的德育基础工程、系统工程，凝聚了全校教师的共同奋斗。方方面面的齐抓共管，领导重视，家长配合，社会支持，大家凝心聚力、筚路蓝缕，为的是在新时代新起点砥砺前行。因此，这本专著体现的是集体的智慧、集体的力量，必将为新起点锚定奋斗目标，提供强劲动力，促进学校德育影响力、感召力、塑造力的显著提升。

新时代的德育工作者不仅仅是甘于奉献的人梯、传递知识的桥梁、哺育幼苗的园丁和照亮孩童的红烛，更应该是火箭腾空的助推器，给学生以强大的正能量，使他们达到我们从未达到的高度。日月相推，前赴后继。春风化雨，自化化人。从容面对大千世界，坚定自己的职业操守，执着于自己的无悔追求，生命就有了价值，人生就有了乐趣。我希望这本专著能够传达出自己的所有感受，成为"大视野 新长征"路上的一个新起点，并以此就教于大家。